PINCELADAS DE
TEATRO PLAYBACK
Y TEATRO ESPONTÁNEO

MICHELLE BARQUIN

Reservados todos los derechos. No se permite la reproducción total o parcial de esta obra, ni su incorporación a un sistema informático, ni su transmisión en cualquier forma o por cualquier medio (electrónico, mecánico, fotocopia, grabación u otros) sin autorización previa y por escrito de los titulares del copyright. La infracción de dichos derechos puede constituir un delito contra la propiedad intelectual.

El contenido de esta obra es responsabilidad del autor y no refleja necesariamente las opiniones de la casa editora.

Publicado por Ibukku
www.ibukku.com
Diseño y maquetación: Índigo Estudio Gráfico
Copyright © 2020 Michelle Barquin
ISBN Paperback: 978-1-64086-557-0
ISBN eBook: 978-1-64086-558-7

ÍNDICE

Pincelada introductoria	8
Prólogo	9
Introducción	11
De lo personal a lo colectivo	15
Ecos de las historias	28
Propuesta de estructura para el entrenamiento continuo en Teatro Playback y Teatro Espontáneo.	31
Ejercicios físicos básicos	33
Caldeamiento	36
Práctica de estructuras	40
Representación de narrativas propias del colectivo	44
Trabajo musical. Vocal creativo	47
Cierre de integración	50
Postura neutra o de arraigo	53
La importancia de la respiración en el Teatro Playback y en el Teatro Espontáneo	54
La escucha activa	56
La expresión corporal	57
Calidad de movimiento	59
¿Coordinador, conductor, moderador o director?	65
La coordinación compartida	68
La Conducción de las funciones	70
Simbolismos de los colores	77
El hilo rojo	84
Narrativa Reticulada	86
Estructuras para la creación de historias	90
Formas cortas no narrativas	91
Presentaciones	91
Presentación en línea	91
Presentación en flecha	92
Escultura fluida	96

Escultura de transformación	98
Máquina	99
Tótem	100
Ventana facial	100
Pares	101
Pares girados	103
Pares gestuales	104
Diapositivas	104
Ganesha	105
Triángulo. (Vozdukh Project)	106
Escenografía viviente: (Vozdukh Project)	107
Jardín de las esculturas	107
Haiku	108
Formas cortas narrativas o intermedias	109
Coro cardumen	109
Coro lineal	110
Coro mosaico	110
Diamante	111
Amphora griega	112
Tableau	113
Rant	115
Historia en partes	117
Collage	118
Rueda de la perspectiva	119
Oráculo	120
Oráculo como forma de cierre.	120
Formas largas	121
Historia	122
Recursos para la creación de historias	124
Metáfora	124
Focus	125
Danza espontánea	126
Mamut / Tribu: (Vozdukh)	126
Canción	127
Musical	128

Otros recursos 128
    Escenas disparadoras 128
    Metáfora con Sombras 128
    Corifeos 129
    Sombra 129
Disposición de los elementos en el espacio escenográfico 133
    Una visión psicológica 133
Comentarios finales 136
Referencias 140

Nada es si no somos;
nada será si dejamos de ser.

Sin la Escuela Mexicana de Psicodrama y Sociometría, con Yuyo y Jaime a cargo, no habría existido una cuna amorosa en la que pudiera arropar mis pasiones.

Sin las ganas de vivir y la entrega total de Lorena, no habríamos traspasado fronteras.

Sin la sensibilidad de Carolina, la pasión por los cuentos jamás habría tocado mi alma.

Sin el entusiasmo de Pilar, no habríamos podido ser tan productivos en el 2018.

Sin la regulación de María, nos perderíamos entre la inmensidad de las horas.

Sin el entusiasmo de Yazmín por mejorar, el grupo hubiera recorrido otros caminos menos apasionados.

Sin el cariño de Romel, nuestro pequeño universo no habría sido tan dulce.

Sin la pasión de Ramón, el grupo no tendría un corazón musical; sin su ecuanimidad, ese corazón sufriría de extrasístoles.

Sin el semillero, nuestros corazones se habrían perdido en el insoportable baúl del sinsentido.

Sin la gran tribu, mi corazón no habría vuelto a latir.

Sin el amor que siento por todos ellos, yo no tendría un historia que contar.

Sin un *Por Siempre*, ninguna vida tendría sentido.

Pincelada introductoria

El pintor y muralista Diego Rivera, como tantos otros grandes artistas, tuvo que pasar por varios estilos de pintura en la Academia para lograr encontrar su propio estilo; su sello y su voz; aquello que nos hace reconocer sus pinturas y trazos. En ese sentido, a mí me recuerda mi propio camino en el teatro, pues yo también recorrí diversas prácticas hasta que con el Teatro Playback pude encontrar mi propia voz y camino como artista.

Con estas pinceladas, Michelle comienza a materializar su voz con mayor claridad y encuentra en la palabra escrita un buen medio de expresión personal. En el camino de la búsqueda de su propia voz, además, nos comparte y nos invita a aprender de su propia experiencia. Aun cuando la conozco desde hace varios años y he sido testigo del desarrollo de algunas etapas de Ekos Deus, no deja de sorprenderme leer los procesos creativos que definen pasos certeros en esta caminata que hemos compartido.

Es un placer para mi ser parte de esta cadena que deseo se vuelva interminable; una cadena de soporte y ayuda, una cadena en donde compartir las distintas perspectivas nos hace estar más cerca y nos acompaña.

Es importante guardar registro y compartir los procesos para que otras colectivas, grupos y practicantes, que aún no tienen un ensamble, se animen a encontrar su voz; ya sea a través del Teatro Espontáneo o del Teatro Playback, ya sea que sirva como un pretexto que los lleve hacia diferentes técnicas, metodologías u otras formas de expresión.

Así como estas pinceladas han alentado a Michelle a continuar su recorrido espero que a ti, lector y lectora, te alienten a buscar el tuyo y que sepas que estás en compañía.

Andrea Sandoval
Junio 2019

Prólogo

Escribo este prólogo durante la incierta y caótica época del corona virus, en el marco de los encierros en casa, el reto de dar clases y coordinar grupos en línea sustituyendo el espacio dramático por el espacio virtual, los encuentros sin cuerpos, sólo con pequeñas ventanas para vernos y añorarnos, sin abrazos reales. En estas circunstancias, el libro de Michelle, ha sido una compañía reconfortante y esperanzadora, que me lleva una vez más a confiar irremediable e irreversiblemente, como dijo en una oportunidad mi colega y amigo Sergio Perazzo, en el virus moreniano de la creatividad, mucho más poderoso, más contagioso, creador de resiliencias y magias, aún en las situaciones más extremas, especialmente allí.

Lo que principalmente define este libro es el título que tan atinadamente le puso la autora: son pinceladas, reflexiones sobre lo personal y lo colectivo, sobre la relación entre Teatro Espontáneo(TE) y Teatro Playback (TP), su origen común y sus distintas historias. Esta relación controvertida es abordada aquí con apertura y honestidad. Se resalta la estructura y ritualismo del Teatro Playback y el espíritu libertario del Teatro Espontáneo, sin confrontarlos ni tampoco forzar una fusión, respetando y abrazando ambos caminos.

Es también el relato de una experiencia colectiva, la de Ekos Deus, teatros de transformación, la "tribu" a la que hace referencia la autora. Esta historia me ha emocionado, porque sus integrantes surgieron todos del psicodrama, de la Escuela Mexicana de Psicodrama que fundamos Jaime Winkler y yo en la década de los 80s. Los vimos dar sus primeros pasos en la coordinación de grupos, los acompañamos en su crecimiento, los vimos volar y tomar su propio camino.

Fiel a su origen psicodramático, Michelle nos prepara para la acción con sus reflexiones, nos narra una historia que compartimos vivencialmente como lectores y luego nos describe y explica, a modo de procesamiento, cómo se hace el entrenamiento para los teatros de participación, qué rol juega el cuerpo en estos teatros, cómo opera la conducción, cómo se utilizan las telas, cuáles son las estructuras o formas que ha adoptado su colectivo como parte de su identidad, cuál es la escenografía que le da marco y qué significado tienen los elementos y su distribución en el espacio.

En medio de estas cuestiones, la autora toma un tema central, no sólo para el TP y el TE, sino también para cualquier trabajo con grupos humanos: el entretejido de las historias, "el hilo rojo" que según una leyenda japonesa, amarra a las almas que están destinadas a juntarse para que no se pierdan. Es una bella manera de describir lo que sucede en un grupo sin que podamos preverlo, los lazos invisibles que se entremezclan construyendo, como dice la autora, "territorios compartidos" y creando el contexto ritual, chamánico quizás, donde pueden, usando sus palabras, "acunarse las historias".

Michelle ha expresado de muchas maneras su pasión por el Psicodrama, el Teatro Espontáneo y Playback. También ha incursionado más allá de estas prácticas, con iniciativas siempre creativas y exitosas. Este libro es un documento de esa pasión, y, conociendo a la autora, de ninguna manera el último. En una de estas páginas, ella describe con especial cuidado y entusiasmo el significado de los colores en cuanto al uso de las telas como apoyo en las representaciones. Así veo yo a Michelle, a través de este texto y en la vida, envuelta en muchos colores, intensa, apasionada por lo que hace, acunando historias con amor, tocada irremediable e irreversiblemente por el virus de la creatividad.

Los dejo con el libro, seguramente un hilo rojo invisible irá entretejiendo también las vidas de nosotros los lectores a través de sus páginas. Disfruten la aventura.

María Carmen Bello (Yuyo)
México, abril de 2020

Introducción

¡Gracias vida! por permitirme reencontrar con mi pasión extraviada.

He decidido realizar este breve recorrido por los Teatros Espontáneo y Playback, debido a una necesidad personal que inició cuando nació mi pasión por los teatros de transformación y descubrí que en las librerías existe muy poco material, escrito en español, acerca de los procedimientos utilizados para practicar las diversas estructuras que existen en la representación de escenas, aunado a la ausencia de formatos para el entrenamiento continuo.

Esta pasión nació cuando vi por primera vez una función de Teatro Playback a cargo de Andrea Sandoval y su colectivo *La Escafandra*, conformado por actores profesionales, en la Ciudad de México. Aun cuando tengo formación como actriz, desconocía la existencia de este formato que cautivó mis sentidos. La emoción que viví fue realmente transformadora, sanadora, contenedora e inspiradora; mis anhelos reconocieron de inmediato una oportunidad más para fusionar dos de mis grandes pasiones: El teatro y la psicología.

Al escribir acerca del Teatro Playback y del Teatro Espontáneo, no pretendo fusionarlos en un mismo quehacer, puesto que cada uno tiene sus propios orígenes y principios, aun cuando ambos se apoyan en el teatro de la espontaneidad. Sin embargo, mi país de nacimiento, México, tiene una posición geográfica de constante intercambio cultural, en la que se encuentran ambas actividades; por lo tanto, existe una gran inclinación hacia la fusión. Mi experiencia me susurra al oído que ambos teatros se nutren uno al otro constantemente, y esta tendencia continuará o no, de acuerdo con la ubicación específica de cada país, con las etapas por las que transita cada colectiva, con la situación social del momento, con la forma en que se estructuren los vínculos entre los integrantes del colectivo, con la mezcla de sus personalidades y con otras múltiples variables, algunas más evidentes que otras.

Formo parte de un colectivo en el que hemos integrado ambos conocimientos como base de nuestro quehacer teatral. Por un lado, retomamos la curva de la función del Teatro Playback adaptándola a nuestros emergentes, nuestra cultura e interpretaciones personales; por otro, adoptamos la flexibilidad libertaria del Teatro Espontáneo con la que tanto convergemos. Nos inclinamos por uno u otro formato, según sea el caso, e incluso las mezclamos, pues si bien es cierto que nos contiene el ritual playbackero, también es cierto que usamos diversas estructuras retomadas del Teatro Espontáneo. Considerar que estos dos dispositivos están divorciados, sería como reconocer una sociedad fragmentada y, aun así, replicarla ante la perpetua demanda de dividir para vencer. Tal vez el ideal de la *filosofía del encuentro,* propuesta por Jacobo Levy Moreno, creador del psicodrama, nos permita retar los estigmas y la represión social con el fin de deconstruirnos y reconstruirnos de formas más sólidas, amorosas y placenteras. Desconozco la transformación que el futuro me tiene preparada; por ahora soy parte y resultado de esta hibridación en la que tomaré postura y la defenderé hasta que la vida y sus jugadas decidan volver a sorprenderme.

Al ser partícipe de esta comunidad teatral, me he percatado de que en distintas partes del mundo existe una constante: falta información sistematizada y escrita en español que nos permita poner en acción las diferentes estructuras propias para el entrenamiento y la representación de escenas. Si es que existe, su difusión quizás sea insuficiente como para permitir que todas las personas interesadas en el tema puedan acceder a ella.

En cada encuentro gestado nacional o internacionalmente, resulta evidente que todos los que pertenecemos a la comunidad de Teatro Espontáneo y/o Teatro Playback disfrutamos compartir e intercambiar nuevas posibilidades para ejercer nuestra pasión. Esta acción nos permite honrar la capacidad creativo-espontánea que tanto defendemos como estandarte de vida y de acción en el escenario. Me he dado a la tarea de recopilar y exponer estas formas con la intención de que lleguen a un mayor número de personas, tanto de la comunidad a la que pertenezco, como a aquellos curiosos por experimentar este hermoso camino en el que, sin duda, la transformación del sí mismo, el desarrollo de la empatía, el trabajo colaborativo y el anhelo por el desarrollo de nuestras comunidades, entre otros aspectos, son algunos de los muchos beneficios por cultivar.

Todo lo que he escrito se sustenta tanto de otros saberes adquiridos a lo largo de mi formación como psicóloga, en los que he encontrado un puente de conexión, como de la propia práctica al ser integrante del grupo *Ekos Deus Teatros de Transformación*. Sin embargo, es importante destacar que existen múltiples formas de practicar estos teatros, tantas como compañías hay en el mundo. A mí solo me toca ser la narradora de una experiencia vivida en colectivo, que, si bien es cierto se vincula con mi verticalidad, no hay nada detrás de estas letras que no surgiera de la horizontalidad compartida.

Hay quienes cuestionan la vinculación entre el Teatro Playback y el Teatro Espontáneo; No obstante, es innegable que los dos comparten sus orígenes en el Teatro de la Espontaneidad; que ambos se gestaron en un período donde el ser humano necesitaba encontrar medios de comunicación más flexibles y humanitarios; que uno y otro se conforman de herencias compartidas interesadas en el desarrollo de la espontaneidad creativa, el bienestar y el crecimiento de la comunidad; finalmente, que entre ambos existe una constante búsqueda y necesidad por descubrir caminos nuevos que nos permitan reconstruir el mundo que habitamos. Todo lo anterior, solo es posible a partir del encuentro, el reencuentro y la transformación constantes.

El hecho de exponer las estructuras para la representación de escenas no significa que deban ser seguidas al pie de la letra, pues solamente refieren un punto de partida para que cada colectivo las adecúe a sus respectivas necesidades, recursos y habilidades, puesto que en congruencia con nuestro pensamiento tribal, la creatividad, la espontaneidad y la elección son la base principal para contribuir con el crecimiento de este tipo de teatros que, sin duda alguna, requieren ser reconocidos por un mayor número de personas. Construir juntos para llegar al corazón del trabajo en comunidad es una tarea ardua que requiere sumar una gran diversidad de enfoques y miradas.

Por lo tanto, eres tan libre de ejercer lo que aquí planteo tal y como "se te de la regalada gana", entendiendo esta última frase como el auténtico reconocimiento de tu plena libertad de vivir, construir y practicar absolutamente todo en tu vida con el inmenso placer de Ser y de hacer a tu entera satisfacción, siempre y cuando honres cada historia de la que eres testigo. A mí me basta con saber que he encontrado mi tribu: un hermoso círculo de influencia en el que la ratificación de la pasión en común, los valores compartidos, el intercambio de formas, el entretejido de sus miembros, las largas tertulias, la sinergia y la búsqueda por construir un mejor lugar para vivir, me inspira, me enamora y me invita a construir mejores versiones de mí misma. ¿Qué más puedo pedir de un ambiente en el que la diversidad de pensamientos convoca el nacimiento espontáneo y constante de la fuerza creativo-colectiva? En realidad, nada. Es aquí donde he encontrado el alimento suficiente para nutrir mi humanidad.

De lo personal a lo colectivo

> La racionalidad de los mandados
> es siempre el arma de los mandatarios.
> Zygmun Bauman.

El Teatro Espontáneo (TE) y el Teatro Playback (TP) nos permiten transformar nuestra existencia a partir de los vínculos conformados mediante el compartir de historias verbalizadas y su posterior representación. Ante la mirada de su narrador, las escenas son realizadas con la estética de ciertas estructuras que más adelante explicaré. Las escenas permiten recrear breves momentos del haber personal, convocando un estilo de teatro comunitario favorecedor de la escucha, de la empatía, de los vínculos, de los procesos de aprendizaje y, en general, del *encuentro* entre los asistentes. Entiéndase *encuentro* como la posibilidad de establecer una comunicación recíproca y empática que conecta con cada uno de los involucrados. Cuando surge, se potencializan las emociones que vibran en una frecuencia similar, puesto que los asistentes se reconocen en alguna de las historias. Este resultado permite vivenciar un círculo íntimo de conexión.

La intimidad gestada en los encuentros de TE y de TP es tan humanamente profunda que cuando un narrador se comparte mediante fragmentos de su historia personal, se origina una oportunidad para la internalización del sí mismo, dado que al mirarse a modo de espejo en cada escena, evidencia los aspectos olvidados de sí. Asimismo, la audiencia se reconoce en los elementos compartidos aun en el silencio, a veces de forma evidente y otras de manera discreta y sutil. Lo anterior permite elaborar sentimientos de reconciliación y aceptación que favorecen el saneamiento del rol propio y, a menudo, el de algún vínculo emocional próximo, puesto que se abren canales de reflexión para las emociones que han quedado estancadas.

La historia contada es recreada ante los ojos del protagonista mediante un cuerpo de actores que constantemente entrenan cualidades, actitudes y aptitudes como son: la empatía, la atención, la escucha más allá de los oídos, las múltiples posibilidades con el cuerpo, como el caso de la danza, la expresión corporal, la flexibilidad, la fuerza y el manejo de emociones; así como diversos tipos de teatros de improvisación: Teatro Espontáneo, Teatro Playback, Teatro del Oprimido, Teatro Debate, IMPRO. En general, practicamos cualquier disciplina que permita incrementar y fortalecer la herramienta del cuerpo, con el único objetivo explícito de honrar las historias representadas.

En los TP y TE compartimos la acción enfocada a la reflexión, la comunidad, la transformación y el crecimiento. Para lograrlo, de acuerdo con Augusto Boal (2009), necesitamos conocer el mundo que habitamos: sucesos, ideologías, tradiciones y costumbres, pues el impacto alcanzado en el escenario será directamente proporcional a la cantidad de experiencias y aprendizajes incorporados en nuestro haber personal. Por el contrario, la incapacidad de incluir elementos propios de la cultura o comunidad del narrador limitará la facultad de ver a través de la mirada de quien nos comparte un trocito de su existencia. Ya sea que nos demos cuenta de ello o no, la visión particular registrada del mundo se permea a través de nuestras coladeras mentales, influyendo determinantemente en cada una de nuestras acciones, no solo en el escenario, sino también en la cotidianeidad de la vida real.

El TP y el TE son teatros vivos que se encuentran en una afortunada y constante transformación, tal como en la vida misma; se nutren de historias y recuerdos recreados a partir de dispositivos de construcción colectiva basada en la espontaneidad. Entiéndase esta última como la capacidad que tiene todo individuo para encontrar o crear soluciones que le permitan utilizar asertivamente la experiencia acumulada en las diferentes situaciones del diario existir (Moreno, J.1993). Es así como estos senderos se convierten en un modelo de corte activo y participativo que integra nuevos aprendizajes y/o formas de comprender los aspectos de la vida ahí representados. Así pues, la audiencia, el narrador –que es el verdadero protagonista–, el cuerpo de actores, la persona a cargo de la conducción y el asistente musical, resuenan, reconocen, asimilan y reestructuran cada puesta en el escenario. Todo proceso de transformación requiere extraer lo viejo para poder brindarle un espacio a lo nuevo.

Como seres humanos no nacemos siendo éticos (Boal, 2009), sino que vamos construyendo nuestra personalidad y sus valores a partir de la interrelación con nuestros semejantes, mismos que a su vez se han nutrido de los vínculos más próximos. Es así como se edifican largas cadenas de aprendizajes que no siempre resultan las más adecuadas para el bienestar general de una sociedad en la que, dicho sea de paso, los privilegios se otorgan únicamente para algunos cuantos. No en vano se dice que somos el resultado de las cinco personas con las que más *interactuamos*, un *eco* resonante en concordancia con la divinidad o monstruosidad de cada ser humano. Es decir, con el *Deus* interno; somos productos de todo un *arte* que se *revela* sutilmente aun en la eterna inconciencia del individuo; *somos* que aun cuando van echando *raíces* desconocen el fruto en sus *ramas* más allá de la *primavera*. Por lo tanto, necesitamos generar acciones *de emergencia* respaldadas por una *sinergia* colectiva que permita *transformarnos* y promover una *"ética de la solidaridad"*, como la llama Boal (2009), que habite en el *corazón* del ser humano y, más aún, en cada uno de los que nos construimos dentro de estos quehaceres teatrales; reunir *los elementos* necesarios para hacer un *trueque* que nos permita salir de *la caja negra* y liberarnos del condicionamiento social al que hemos estado expuestos, incluso desde antes de nacer. Resulta vital introducirnos en una *escafandra* comunitaria construida con todos los elementos y materiales necesarios para renovar constantemente el ambiente contaminado, recorriendo un *pasaje* que nos conduzca hacia la deconstrucción de la humanidad aprendida. Me gusta la idea de visualizarnos como un *colibrí* en pleno *vuelo:* ágil, presuroso, rápido y constante, sin que por ello dejemos de compartir el tiempo vasto y suficiente para reconstruirnos individualmente, tal como lo hace la *crisálida* para experimentar su metamorfosis. Así, poco a poquito, estaremos listos para construir una gran *carpa* que le dé refugio, sentido y contención a nuestra gran *tribu*.

El *homo sapiens* paradójicamente se encuentra en una crisis de sabiduría en la que todo es asumido de manera dogmática y sin cuestionamientos; pensar le implica un esfuerzo tan doloroso que resulta preferible abdicar a cualquier valor que le confronte con la responsabilidad de *Ser Humano*; es decir, sumergirnos en lo profundo de la empatía, la escucha, la conciencia de la otredad, la responsabilidad de ser y de hacer, por mencionar algunas. Nuestras generaciones nos han entrenado para realizar las demandas sociales al pie de la letra, tal y como les entrenaron a ellas. Como muestra basta con indagar un poco en los experimentos sociales más recientes, para darnos cuenta de nuestro fracaso como especie pensante hasta ahora. Un ejemplo de lo anterior se aterriza en el experimento Milgram (2005), que consiste en una serie de investigaciones relacionadas con la obediencia a la autoridad. Los resultados no reflejan sino la incapacidad que tenemos como individuos para tomar decisiones y usar efectivamente nuestras habilidades cognitivas, sociales y emocionales, lo que nos inhabilita como protagonistas de la propia existencia. Sin duda alguna, nuestra sociedad está necesitada de empatía, vivimos en el mismo mundo pero, en más de una ocasión, lo hacemos desconectados, aislados y solos.

Si es verdad que somos lo que creemos y creamos lo que pensamos, entonces como especie estamos en un verdadero problema que tiene su origen en la falta de madurez cognitiva, etapa en la que se desarrolla el pensamiento crítico; no obstante, es muy común que pase toda una vida sin que dicho proceso se geste por completo, pues la mayoría de nosotros necesitamos aprender a organizar los conocimientos adquiridos y darles una buena forma compatible no solo con nuestras historias deficientes, sino con la posibilidad de mirar más allá del egoísmo y de la neurosífilis afectiva que nos mantiene cautivos en un abismo de profunda ignorancia. No en vano Piaget evitó ponerle un rango de edad específico a su teoría cognoscitiva y sus etapas de desarrollo, pues es de modo individual que utilizamos, o no, nuestra capacidad para analizar de manera coherente y saludable las variopintas experiencias que nos habitan, a través de una danza armónica y equilibrada entre la razón y la emoción.

Ser testigos de las historias narradas por los asistentes a una función de TE/TP favorece el proceso de convertirnos en seres humanos más conscientes, pues se gestan múltiples posibilidades de encontrarnos en cada fragmento de las historias compartidas por otras mentes y corazones que comunican sus relatos desde una gran variedad de miradas; algunas sumamente amorosas, otras notablemente motivadoras, y varias más, narradas desde el dolor más complejo provocado por las excesivas demandas sociales.

Toda vez que el ser humano conecta desde la empatía, se enlaza también con la posibilidad de renunciar al condicionamiento social al que, como mencioné con anterioridad, hemos sido sometidos desde antes de nacer. Este condicionamiento provoca acciones que limitan todas nuestras posibilidades creativas; a menos que decidamos llevar una vida más consciente en que la construcción colectiva represente una base fundamental de la transformación y la evolución continua de nuestra sociedad. Hasta este momento, estoy convencida de que las artes son un gran camino para empezar a construir futuros más esperanzadores.

Resulta innegable que, a lo largo de la historia, el arte ha sido un medio de liberación que posee la propiedad de construirnos, deconstrurinos y reconstruirnos cuando le incluimos como práctica de vida; tanto que, en la época actual, representa un medio de expresión que se ha adjuntado a las prácticas educativas, pedagógicas, terapéuticas y psicoterapéuticas como recurso de aprendizaje, comprensión e integración. Sin embargo, los teatros aquí convocados aun no se consideran extensivamente en estos quehaceres, en primer término por ignorancia, y, en segundo, por la poca investigación científica que existe acerca de sus beneficios. Por lo tanto, es necesario estructurar un medio que favorezca una mayor comprensión y asimilación de estas prácticas, con el fin de incluirlas como un elemento de educación y transformación que despierte la sensibilidad, el desarrollo de la empatía, la búsqueda del bienestar comunitario y el trabajo colaborativo, pues es en colectividad cuando emerge nuestra virtud humana.

Mi gusto por el teatro surgió en realidad por un capricho del destino, como muchas de mis pasiones. En segundo año de secundaria tenía que inscribirme en alguno de los talleres que la escuela ofrecía; todos estaban saturados, excepto taquimecanografía y teatro. Ambas cosas me parecían abominables, pero la maestra de la primera opción tenía fama de ser un auténtico ogro devorador de cabezas, si es que alguien osaba mancillar su aula con una baja calificación. Como mi vida me gusta mucho, me ocupé de mantener la cabeza bien firme sobre mi cuello. Lo que me llevó a la segunda alternativa.

Después de ser una adolescente tímida e insegura, el espacio escénico me liberó de mis prisiones mentales y me brindó múltiples posibilidades de autoconocimiento, desarrollo y transformación personal, casi sin darme cuenta. Fue así como mi personalidad tomó una forma diferente y mi enfoque de vida cobró sentido, nutriéndose una y otro continuamente entre sí. Esta situación me invita a reflexionar sobre aquellos aspectos que se cruzan en nuestro camino por casualidad ¿Será acaso que con cada "capricho del destino" surjan de nuestro interior aquellos recursos, cualidades, herramientas y características que ya estaban presentes, aunque dormidos ante la falta de circunstancias que pudieran promover su uso? De ser así, cuando el medio teatral nos reclama como suyos ¿Será que cada escenificación de un personaje, real o imaginario, nos contacta con ciertos elementos latentes favorecedores de una reconfiguración interna a partir de lo que ya somos?

De acuerdo con Lola Poveda (1988) y Judith Rich Haris (1992), los hábitos, los gestos y el lenguaje se contagian a partir de la convivencia y la identificación experimentada con el grupo de pares, lo que determina el tipo de valores que tendremos y las personas que seremos. De un modo similar, una vez que hemos representado a un personaje, su esencia brevemente encarnada en nuestro cuerpo queda registrada en la psique y, por lo tanto, conservamos un pequeño fragmento de él. Visto de esta forma, el teatro es una herramienta ideal para gestar salud psíquica y emocional. Por medio de él tenemos la alternativa de incluir escenas y actividades que nos proporcionen ciertas habilidades configuradas a partir de la necesidad y las características propias de cada individuo: la valentía, la humildad, la sensibilidad, la fortaleza, la precaución, la sensación de libertad, el respeto, la cordura y la escucha son solo algunas de ellas. Cabe mencionar que el T.E y el T.P son teatros vivos, gestados a partir del encuentro colectivo en el que se enfatiza la equidad y la repartición del protagonismo. En consecuencia, es el recurso perfecto para ganar una sociedad menos ensimismada y más incluyente.

A partir de la cosificación humana, la sobrevaloración tecnológica, la sobrepoblación mundial, la falta de vínculos que transmitan confianza y seguridad por medio de la empatía, y las creencias equivocadas sobre lo que representa tener una vida plena, el ser humano ha buscado proteger su mismidad en un grado tal que, por el contrario, se encuentra completamente desensibilizado, incluso, hasta el grado de olvidarse de sí. No obstante, para honrar una historia bajo la mirada de estos dispositivos, necesitamos, por un lado, reconectar con la propia esencia, sensibilizarnos equilibradamente y retornar al *Yo* para conectar con los otros. Por otro, cuidar el medio y el modo en que transmitimos las emociones compartidas por cada narrador. Escuchar sus historias con todos nuestros sentidos y en pleno contacto con el mundo, nos permitirá ser un buen canal transmisor; Por tanto, es importante comprometerse en un proceso continuo de reflexión personal que nos permita regresar a nuestra humanidad extraviada.

La actividad lúdica es indispensable para la formación de la dimensión humana, no solamente en la niñez sino a lo largo de nuestra existencia. Jugamos para incorporar aprendizajes significativos, para relajarnos, para prepararnos ante el futuro, para recolectar las herencias de nuestros ancestros, para liberar los excedentes tensionales del cuerpo, para llenarnos de energía, para ejercitarnos, para compartir con nuestros semejantes y nutrirnos de ellos, para fortalecer la mente, para divertirnos, para construir estrategias que nos permitan afrontar al mundo, para procesar experiencias, y para muchas otras virtudes más atribuidas desde la ciencia a la acción de jugar. Toda vez que nos sumergimos en esta práctica nos olvidamos de las conservas culturales, es decir, aquello que es considerado como digno de ser repetido debido al valor y funcionalidad asignados socialmente y, tal como niños en plena formación, nos adentramos en las múltiples posibilidades que nos brinda la experiencia de jugar.

Debido a lo anterior, la práctica del TP y del TE se entrelaza íntimamente con las actividades lúdicas. Aunque divertidas y despreocupadas, siempre se incluyen con el objeto de renovar experiencias que preparen al cuerpo y nos liberen de estigmas sociales obstaculizadores de la transformación biopositiva. Estas actividades son un parte aguas para ampliar nuestra visión del mundo circundante y desarrollar nuestra capacidad para honrar historias.

Mediante el juego se construye una pantalla de protección que nos permite reproducir aquello que en la vida real no nos atreveríamos a hacer; así, de forma segura y protegida, nuestro *Ser* se expande para alcanzar nuevas posibilidades.

Cierto es que el TE y el TP no pretenden ser una ciencia, sin embargo se requiere de gran disciplina para entrenar los aspectos que les conforman, ya que incluyen nada más y nada menos que la multidimensionalidad humana, lo que les convierte en todo un estilo de vida y de interrelación con la sociedad, que comprende la aceptación, la empatía, el goce, el sentido del humor, el respeto y la búsqueda del bienestar comunitario. Y aunque si bien es cierto nada de esto se logra de la noche a la mañana, el entrenamiento constante y el compartir con aquellos que han transformado su visión del mundo nos invitan a reflexionar una y otra vez en nuestro proceder diario.

Adicionalmente, la juventud y las personas adultas no solo tenemos la posibilidad de incorporar momentos de acción reflexiva enfocada en los objetivos propios de cada actividad lúdica, sino que, en el entretejido de experiencias, adherimos múltiples valores que de poco a poquito nos moldean hacia una nueva forma de vivirnos en el mundo. En muchas ocasiones sucede tan sutilmente que solo podemos visibilizarlo volteando hacia atrás en nuestra línea del tiempo: lo que fuimos y dejamos de ser para convertirnos en lo que ahora somos. La transformación puede ser tan sorprendente que nos resulta confrontadora.

He sido testigo de cómo estas artes escénicas brindan una posibilidad para reconstruirnos como protagonistas de nuestra existencia cada vez que nos cuestionamos las circunstancias de la vida ante el trabajo constante con comunidades. Al *sentipensar* acerca del *deber ser* que algunas historias comparten, intrínsecamente nos educamos para escuchar con todos nuestros sentidos las propias necesidades, más allá de las versiones de hadas, sapos, príncipes y princesas que nuestros padres algún día se ocuparon de cultivar. Digamos que se convierte en una especie de espejo social en el que también exploramos acerca de nosotros mismos. En el proceso, aprendemos a ver más allá de nuestras propias certezas y nos convertimos en una versión más amorosa hacia nuestros semejantes y un poco más auténtica y aceptada por nosotros mismos. La venda deja de mantener presa nuestra mirada para darnos cuenta de que la sobrevivencia ha dejado de ser nuestro objetivo principal, pues las necesidades básicas tales como la alimentación, el descanso y la salud han sido cubiertas, en cierto sentido, con ayuda de la creatividad. Por supuesto, no quiere decir que tengamos la vida solucionada, sin embargo reconocemos tener la capacidad para resolver las distintas adversidades de la vida. Luego de esta confrontación con nosotros mismos, el alma reclama por su trascendencia y logramos mirar más allá de nosotros mismos para enfocarnos en lo verdaderamente importante: la huella que podamos dejar en beneficio de nuestro mundo, aun cuando el propio nombre no trascienda ni aun siquiera se escuche. De lo contrario, seguiríamos siendo presa de los caminos egocentristas del capitalismo actual y su doble moral.

El desarrollo personal es un proceso en constante transformación. Como individuos, somos seres inacabados esforzándose por incrementar nuestra consciencia, reconocer nuestra libertad y gestionar la forma en que nos vinculamos con el mundo. No obstante, el ser humano, en sí, vive sumergido en una lucha constante contra la sociedad despótica que obliga a cumplir con sus mandatos aun en contra de la necesidad individual del alma. Hombres y mujeres que, ante una educación represora, buscan transformar las injusticias de la única forma con la que fueron educados: con represión. En ese sentido, la semilla de la resignificación debe –como introyecto paradójico– ser sembrada, regada y cultivada si en verdad queremos lograr una morfogénesis que nos permita trascender como humanidad.

Durante una formación en teatro IMPRO, escuché a una compañera decir *"nacimos para que se nos quite lo ignorantes"*, expresión que en un primer momento me provocó un ataque de risa catártica –sobre todo porque la última palabra se trataba, más bien, de una grosería bastante conocida y utilizada en mi país para denominar a la gente carente de inteligencia, pusilánime o de vida irregular y desordenada–; a pesar de eso, después de reflexionarlo un poco, reconozco que esta frase está llena de sabiduría, pues ante la evolución de nuestras emociones y, por consecuente, de nuestros actos, la luz en nuestra mente se hace presente cuando somos conscientes de que podemos ser protagonistas de nuestra existencia sin luchar por ello contra el mundo ni morir en el intento; cuando logramos reconocer lo propio, entonces desarrollamos la capacidad de pensar en aquello que elegimos dejarle al mundo y las acciones que requerimos realizar para retribuirle todo lo que nos ha dado. Al llegar a este nivel de consciencia y reconocimiento de nosotros mismos, estoy segura de que, al menos, se nos quitará un poco lo atolondrados.

Si bien el TE y el TP no son caminos fijos ni terminados –recordemos que son teatros vivos–, sí son una posibilidad para el encuentro, el reencuentro y la transformación social, pues uno no llega por sí mismo a las respuestas del alma ni a la certeza del propio camino sino es a partir de la construcción conjunta y la reflexión compartida. Es decir, cuando en un encuentro de dos o más, la escucha, la mirada y la apertura se hacen presentes. En un sentido paralelo, Jean Paul Sartre propuso que solo la mirada de otro logra sacarnos del ensimismamiento, garantizar nuestra existencia y remitirnos nuevamente hacia nosotros; es por eso que, en comunidad, resonamos ante las narrativas compartidas aun cuando nos mantengamos en el más profundo de los silencios.

En la época Isabelina se consideraba que el arte teatral atentaba contra la moral, deformándola, esto en realidad quiere decir es que la gente dejaba de ajustarse a las normas comúnmente aceptadas para convertirse en seres pensantes y creativos. Definitivamente, un terrible atentado para quienes ejercían el monopolio del dominio. Actualmente no resulta tan diferente, pues el acceso al poder –poder hacer, poder pensar, poder sentir, poder crear, poder vivir, poder ser libres– continúa regulado por unos cuantos privilegiados que heredan, compran y/o intercambian estas facultades a voluntad. Cuando logramos reconocer que somos seducidos por un contexto social que nos apapacha para evitar que salgamos de sus normas –pues así somos manipulables–, dejamos de ser absorbidos, en mayor o menor medida, por una eterna repetición basada en la sumisión, el conformismo, la cosificación y las fórmulas disfuncionales que merman nuestra capacidad *amorocreativa*; es decir, nuestro funcionamiento asertivo para enfocarnos en lo verdaderamente importante de la vida, en lo que nos hace crecer, sentir plenos, funcionales y más felices, no solo como individuos, sino como humanidad, en un acto rebelde por desvincularnos del maltrato social que promueve la cultura actual y renunciar a lo que nos mata, nos debilita y nos hace menos fuertes.

Los teatros que aquí abordo se construyen a partir del trabajo colectivo, sin demarcaciones absolutistas de roles, instituciones o asociaciones colonizantes y delimitantes del pensamiento individual de cada integrante, pues cada uno actúa desde las propias posibilidades *amorocreativas* sin subordinarse a las necesidades de una persona en específico. Tal y como sucede cuando jugamos en las primeras etapas de la vida y no se tiene ningún objetivo más que el de la diversión misma; sin embargo, bajo la estructura de lo implícito radica lo trascendental: La construcción del individuo como SER HUMANO. Un camino que implica toda una vida.

Después de esta reflexión personal, llegó el momento de compartir el modo en el que hemos entrenado durante casi cinco años para hacer Teatro Espontáneo y Teatro Playback en el colectivo *Ekos Deus*. En las siguientes páginas encontrarás diversos recursos que hemos experimentado.

Juntos decidimos utilizar ciertas bases del TP como esqueleto de nuestras funciones. Sin embargo, nos hemos dado la oportunidad de incorporar una gran variedad de estructuras extraídas de otras fuentes o aprendidas en la convivencia con otros colectivos de TE. Si dichas estructuras se ajustan o no a la experiencia vivida por otros grupos, es importante considerar que la subjetividad siempre es una compañera que incorpora, transforma o reconstruye a partir de la comprensión, el entretejido colectivo y los resultados logrados en el escenario. Justo como lo hemos hecho nosotros.

"La muerte vale más que la sumisión a la tiranía".

Esquilo

"Si me ven, entonces existo"

Jean Paul Sartré.

Ecos de las historias

Además de los invaluables instantes de felicidad, hay dos grandes momentos en la vida de una persona: el día en que nace y el día en que descubre para qué.

Durante el mes de mayo del 2015 surgió la primer jornada *para que todas las voces se escuchen*, impulsada por la Red Mexicana de Teatro Espontáneo y Teatro Playback, que a la fecha tiene como objetivo difundir ambos tipos de teatro. Cuando Lorena Núñez, quien forma parte del comité, compartió la convocatoria en la Escuela Mexicana de Psicodrama y Sociometría, Helen Marcos se le unió de inmediato para preparar alguna actividad que cumpliera con ese objetivo. Sin embargo, como la fecha propuesta era entre semana, nadie más podía integrarse debido a las múltiples actividades laborales. Cierto día, en el que ambas estaban conversando acerca de cómo participar en la difusión, decidieron cambiar de fecha, lo que permitió que poco a poco y espontáneamente nos sumáramos más personas. El taller se planeó, los roles se distribuyeron y el día 31 del mismo mes estábamos listos para comenzar con la gran aventura.

Al barco de la espontaneidad se subió un integrante de último momento, un talentoso músico profesional llamado Ramón, a quien Yazmín recomendó para que ocupara el rol de su competencia. El taller inició y todos fluíamos en un dinamismo tal, que parecía que estábamos acostumbrados a maniobrar juntos entre las olas de la improvisación. Al concluir el viaje, la euforia nos embriagó y, reunidos en círculo, Erika Zubirán propuso, llena de emoción, –¡Vamos a hacer un grupo!–, sin pensarlo, todos impetuosamente y al unísono dijimos –¡Sí!–.

Sabíamos que necesitábamos prepararnos para continuar con la travesía; sabíamos que Lorena y Helen eran quienes más experiencia tenían al respecto, así que les propusimos ser nuestras guías en esta inesperada travesía;

ellas aceptaron de inmediato. Lorena propuso que fuéramos un grupo de TE, pero todos habíamos visto a *La Escafandra* y queríamos hacer TP; al final de cuentas, como buenos hijos morenianos, nuestras raíces psicodramáticas acariciaron la práctica dominical y terminamos por ser una especie de hibrido camaleónico que surca por los mares de la improvisación de acuerdo con el clima y sus necesidades.

Fue así como la magia del encuentro comenzó a gestarnos. Un domingo 31 de mayo los teatros de transformación reclamaron nuestros cuerpos para modificar nuestras mentes y, entonces, ¡nacimos! A partir de ese día, cada domingo abraza nuestra práctica, nuestra convivencia, nuestros acuerdos, nuestros desacuerdos, nuestra pasión, nuestra locura, nuestros sueños, nuestros cantos, nuestras ganas de continuar juntos y, por supuesto, nuestras historias.

Después de la primer reunión formal, le sugerí a María Abirella que se integrara. Con un poco de dudas, debidas a su ausencia en el taller, asistió a la siguiente reunión para despejar las turbulencias de su mente e incorporarse como parte del colectivo. Sin duda, ella no podía faltar en esta fórmula.

Nos faltaba un nombre. Luego de innumerables propuestas, Helen sugirió llamarnos *Ekos*; nos gustaba, pero necesitábamos algo más que lo complementara. Después de entrenar, comenzamos a extender los tiempos de convivencia para ir a comer, al cine, al teatro... cierto día, mientras estábamos formados para entrar a una función en el foro Shakespeare, René, la pareja de Caro, propuso agregar el vocablo *Deus*: *Ekos Deus*. A todos nos pareció un buen nombre.

A partir de ese momento comenzamos a planear nuestro logo. Yazmín dibujó los primeros trazos de la imagen que actualmente nos representa; luego, cada uno de nosotros fue sumando propuestas hasta que finalmente quedó completo e impregnado del sentido colectivo.

Un 31 de mayo del 2015, los teatros de transformación reclamaron nuestros cuerpos.
Los primeros integrantes.

Escultura fluida

Propuesta de estructura para el entrenamiento continuo en Teatro Playback y Teatro Espontáneo.

> Todos tenemos algo por decir que se ha quedado guardado en las arcas del silencio durante largo tiempo.

Para conformar un colectivo de TE o de TP no existe una cantidad específica de miembros. Incluso, he escuchado que algunos colegas manifiestan haberlos practicado de modo unipersonal. No lo dudo, ya que lo único que se requiere es salir de la zona de confort y bailar al son de la creatividad en una danza tan apasionada que el único resultado posible sea CREAR. No obstante, me baso en la experiencia personal respaldada en la *filosofía del encuentro* de Jacobo Levy Moreno (1993), quien propone que el origen del bienestar emocional se da a partir del encuentro genuino entre las personas que se reconocen, se miran, se escuchan y se sienten entre sí; por lo tanto, si bien es cierto que no se necesita de un número determinado de integrantes, lo ideal es que sean los suficientes para distribuirse eficazmente las tareas correspondientes a la conducción (1), actuación (3), música (1) e incluso luces (1) si es que de ellas se dispone.[1]

Cada colectivo define el tiempo que dedicará para entrenar conforme a sus necesidades particulares. Nosotros hemos designado cuatro horas cada domingo, oportunidad que nos ha permitido integrar recursos, desarrollar fortalezas y reconocer áreas de oportunidad. En este mismo sentido, conforme los cuerpos, las mentes y las emociones se entretejen, se desencadenan cascadas de creatividad conjunta que, me atrevo a decir, impacta más allá de la convivencia en el interior del colectivo, afectando biopositivamente nuestro estar y hacer en el mundo.

---

1 Los números incluidos junto a cada rol indican el mínimo de elementos sugeridos para llevar a cabo una función.

De acuerdo con la práctica y la experiencia adquirida en el colectivo del cual formo parte, además de entrenar las formas y los rituales propios de cada teatro, también es importante trabajar con la expresión corporal y artística, con los procesos de cohesión y confianza entre sus integrantes, con la exaltación de la complicidad, entre otros aspectos importantes que más adelante abordaré. Todo en conjunto será un elemento que refleje la eficacia y la eficiencia de toda representación escénica. No es lo mismo cuerpos amoldados entre sí sin temor al contacto, que aquellos temerosos por incomodar o incomodarse en el encuentro con alguien más. Hay una gran belleza estética en quienes a través de la confianza reaccionan al contacto físico, tan asertivamente, que la matriz de nuestras historias –el público– llega a pensar que lo construido a partir de la improvisación pura, ha sido previamente ensayado. Esta percepción, en primer lugar, es consecuencia de la ductibilidad y la contención que brindan las estructuras propias de cada formato; sin embargo, también se debe justo a la perfecta sincronía del *nosotros* que habita un solo cuerpo llamado grupo, que, como un todo en movimiento, se ajusta a las particularidades del momento presente, otorgando a la experiencia del cuerpo una subjetividad compartida que representa no solamente aspectos personales del narrador, sino vivencias anónimas registradas en los recuerdos de cada asistente.

A partir de las necesidades del colectivo, sin que así lo hayamos estipulado explícitamente, hemos incorporado cuatro momentos de sesenta minutos cada uno aproximadamente para el entrenamiento. Contar con una estructura configurada por horarios nos brinda la posibilidad de cumplir con los objetivos de forma más específica, además de reducir el riesgo de la dispersión, que, dicho sea de paso, en nosotros es bastante recurrente. La primer hora se ocupa para ejercicios físicos y juegos de caldeamiento. El objetivo principal de esta etapa consiste en centrar y preparar tanto al cuerpo como a la mente creativa; la segunda se destina al entrenamiento de formas, ya sea que se integre alguna, juguemos con nuevas propuestas o se perfeccione la técnica de las que ya han sido practicadas; la siguiente se emplea en la representación de las historias propias de cada integrante. En este período se pone énfasis en los elementos necesarios para honrar cada narración, como en el caso de la sensibilidad, la escucha, la observación de las propuestas, la complicidad, la sinergia, el acoplamiento entre los actores o el ritual, si es que la práctica del día está destinada al Teatro Playback; finalmente, la última hora se aplica en entrenamiento musical. Durante casi cinco años la hemos dedicado a la práctica de canciones que nos sirven tanto de ritual como medio de sensibilización y caldeamiento del público. Por fortuna contamos con Ramón, quien nos facilita el camino para cumplir decentemente con esta inclinación grupal.

Cuando decidimos unirnos como colectivo, la práctica de estas actividades se encontraba principalmente a cargo de Lorena Núñez, a quien, por su pasión y conocimientos previos del Teatro Espontáneo, reconocimos con mayor experiencia para guiar al grupo en este transitar. Actualmente el rol didáctico se ha sido distribuido por turnos entre cada uno de los integrantes; sobre todo a partir de la formación con el semillero. Este año parece plantear un porvenir diferente, los senderos recorridos nos seducen una vez más invitándonos hacia la definición, la transformación y el crecimiento. Bajo el acompañamiento de nuestra querida Lore, ¡Vamos a ver!

Ejercicios físicos básicos

¿Recuerdas cuando estábamos pequeños? Los adultos siempre nos pedían que preparáramos el cuerpo antes de realizar cualquier actividad que requiriera un esfuerzo físico: "No vaya a ser que el diablo meta la cola y te lastimes", decían en mi casa. En la escuela, los maestros de deportes empezaban por incorporar una serie de movimientos suaves y útiles para calentar los músculos, ligamentos y articulaciones a fin de reducir el riesgo de lesionarnos; así podíamos brincar como changos durante una hora. Además de este objetivo –que hoy nos resulta evidente– es necesario resaltar que, a través de la constancia, también nos permite reconocer y potenciar las habilidades y recursos con los que contamos como individuos, desarrollando cuerpos más flexibles, fuertes, moldeables, estéticos y adaptables a las necesidades propias de las actividades del quehacer actoral.

Un cuerpo de actor es flexible en cuanto al grado de amplitud y extensión muscular que puede lograr en el escenario; cuando le ejercitamos constantemente no solo alcanzamos un mayor número de movimientos definidos y eficaces, sino que le sensibilizamos en cuanto a su relación con el entorno. Los seres humanos somos un sistema orgánico que funciona en perfecta sincronía, de modo que cuando trabajamos con la flexibilidad corporal, la mente también recibe la indicación de ser flexible, puesto que el inconsciente no entiende de bromas. Así, cuerpo y mente se preparan, de manera implícita y paralela, para potenciar la estética y la creatividad escénicas. Todo cerebro que entre sus oleajes encuentre la ductilidad se adaptará al cambio sin mayor desvelo y sin perder de vista los objetivos por cumplir.

La fortaleza no se relaciona únicamente con la apariencia física, sino con la capacidad para representar las características propias de cada personaje presente en las historias, así como con la solidez emocional y mental necesarias para honrar dignamente cualquier vivencia que el narrador comparta, dejando afuera cualquier tipo de prejuicio.

El cuerpo, en su totalidad, representa el molde en el que se abocarán las narraciones contadas por el público y parte del escenario en el que se reproducirán. Por lo tanto, es necesario trabajar en él para que se amolde a las demandas propias de cada historia, en vez de que las historias se ajusten a las reducidas posibilidades de un cuerpo no entrenado.

Una buena estética, en el TP y en el TE, es directamente proporcional al grado de exaltación emocional que una representación provoca entre los asistentes. Se origina en la sincronía sensible y armónica de movimientos, sonidos y acciones utilizados para representar la vida hecha historia. Es un todo en movimiento que conecta con aspectos básicamente sensibles y perceptuales. No se detiene ante los ideales racionales de lo considerado como bello, ni ante criterios de juicio vinculados con aspectos relacionados con el arte en sí.

Los ejercicios de caldeamiento, por sí solos, no representan el punto de partida para aprender a representar las historias, sino que permiten desarrollar ciertos reflejos y comportamientos escénicos que involucran *sentipensar* con la totalidad del cuerpo.

Incluir el trabajo con todas y cada una de las partes del cuerpo se ha hecho una constante cada vez que iniciamos con nuestros entrenamientos. Sin embargo, no solo nos ejercitamos durante la preparación en colectivo –que, sin duda, favorece la consolidación de los ritmos corporales–, sino como una constante cotidiana del trabajo individual a lo largo de la semana. Cuando se quiere hacer del mundo un mejor lugar para vivir, la congruencia –o algo parecido– nos busca, muy sutilmente, para invitarnos a mejorar los recursos de nuestro cuerpo. No somos los mejores, de hecho distamos mucho de serlo; aún así, todos nos encontramos en una continua búsqueda para dar lo mejor que hasta ahora podemos.

Esta primer actividad puede ser guiada por cualquiera de los integrantes del colectivo, ya que no se requiere mayor conocimiento que el aprendido en nuestros primeros años escolares. Invertir quince o veinte minutos es suficiente para cumplir con el objetivo básico de calentar los músculos y evitar lesiones.

Para darle vida a cada estructura, uno de los objetivos no nombrados es que nuestros cuerpos se amolden uno con otro tal como lo hace el agua en el cántaro. En *Ekos Deus* nos ha sido de gran ayuda ingresar, de forma independiente, en actividades adicionales que involucran una relación diferente del cuerpo con el espacio, entre las que se incluyen: natación, yoga, teatro físico, acrobacia, danza aérea, esgrima, expresión corporal, arte en movimiento, danzaterapia, entre otras.

Caldeamiento

Preparar al cuerpo para la acción tiene una gran importancia, no solamente desde la materia en sí, sino que también provoca una descarga catártica de tensiones tanto corporales como emocionales, estimula el proceso creativo, induce hacia la relajación y fomenta la concentración, entre otros múltiples beneficios. Moreno (1993) hace un paralelismo de este concepto con el estado de gestación por el que pasa un bebé antes de nacer, preparándose para hacer frente a las experiencias de la vida. El caldeamiento o *warming up* puede explicarse como:

> "Un tiempo de preparación que le permite al individuo adaptarse adecuadamente a las nuevas experiencias por venir, en el que se observan ciertos indicadores físicos, tales como alteraciones en el ritmo respiratorio, gestos, tensiones, etc., lo que activa la espontaneidad del individuo". (Barquín, M. 2016, pp. 29)

En el colectivo utilizamos tres tipos de caldeamiento. El primero es el que realizamos durante los entrenamientos a modo de preparación, y que, a su vez, incluye tres diferentes niveles: caldeamiento inespecífico, caldeamiento semi-específico y caldeamiento específico, tal como sucede en la evolución de talleres y formaciones en los que el cuerpo toma la palabra –e incluso de cualquier actividad en la vida. Por ejemplo, antes de enamorarnos primero conversamos de temas irrelevantes con la persona en cuestión; luego sondeamos intereses en común; posteriormente fantaseamos como locos con un beso; finalmente, declaramos nuestro amor dispuestos a compartirnos en cuerpo, alma y saliva. Pero este es otro tema, así que regresemos al asunto que realmente nos convoca–. Cada uno de estos caldeamientos puede contener uno o varios objetivos propuestos a partir de la intención de los coordinadores a cargo; por ejemplo: centrar la atención, promover grupalmente los recursos de cada integrante, incorporar nuevas herramientas y conocimientos, desarrollar la creatividad grupal, crear nuevas propuestas conforme a nuestra experiencia en el escenario, introducir un ejercicio vinculado con la estructura por aprender o incluso, construir nuevas formas que nos permitan reflejar y contener diversas emociones e historias. Esto último lo comenzamos a hacer después de cierto tiempo de entrenamiento constante, luego de que la confianza nos tomó de la mano y nos acompañó tanto en la certeza de los conocimientos aprendidos como en la propia experiencia actoral.

Las actividades enfocadas en el primer tipo de caldeamiento las realizamos mediante dinámicas lúdicas o actividades corporales y creativas que instan a encontrar nuevas posibilidades de comunicación, expresión, movimiento e interacción. Por ejemplo: ejercicios de disociación corporal, sensibilización somática, danzar al ritmo y velocidad de la música, entre otros.

La disociación corporal tiene como objetivo mover cada parte del cuerpo de forma aislada con el fin de explorar las facultades personales y reconocer nuevos movimientos por aplicar en el escenario. Facilita el control neuromuscular y el manejo de diversas posturas. Con la práctica, cada movimiento adquiere mayor limpieza, exactitud, ritmo, conciencia somática y expresión corporal. Renegar de esta actividad y tomarla a la ligera nos restaría un valioso recurso que, además de los resultados mencionados, es muy divertida cuando se eligen los ejercicios adecuados. Hay que aprender a mirar más allá de lo evidente.

La sensibilización fisiológica o somática (Moreno, 1993), tanto a nivel individual como socializada, representa una oportunidad para agudizar los sentidos e identificar las propias necesidades escondidas debajo del cúmulo de introyectos represores que no nos permiten ser nosotros mismos ni mucho menos reconocer la otredad. Por lo que, mediante esta praxis, los procesos sensoperceptivos se tornan más certeros. El énfasis no se encuentra en el pensamiento o en la asociación de palabras, sino en el diálogo con uno mismo a partir del uso y lenguaje del propio cuerpo. El ejercicio del árbol[2] es un buen ejemplo: consiste en una danza a ojos cerrados en la que los integrantes mantienen un contacto corporal muy estrecho, como si fuera un enorme masa en movimiento en la que cada una de sus partes depende de la otra para accionar.

La influencia de la música, ya sea por sí misma o como acompañante de otras actividades, es una gran ayuda como potencializador del binomio espontaneidad-creatividad, dado que invita a sentir, reconocer y explorar un mayor número de movimientos y emociones.

El segundo tipo de caldeamiento es el que realizamos un par de horas antes de cada función. Tiene como objetivo preparar la escucha, el cuerpo y la mente para recibir las historias que nacerán del público y nutrirlas asertivamente a través del estar presentes. Por lo general realizamos ejercicios físicos, actividades lúdicas y repaso de formas.

Antes de una función, cada colectivo requiere considerar el tiempo previo que necesita no solo para caldear al cuerpo, sino también para organizar sus materiales, cono-

---

2 Esta actividad la experimenté en un taller itinerante de sexualidad, que tenía por objetivo despertar los sentidos reprimidos. No obstante, posteriormente, la he visto infinidad de veces en distintos talleres de Teatro Espontáneo; sin embargo, cada persona la nombra de diferente manera.

cer el espacio escénico, cambiarse, solucionar los posibles inconvenientes o adecuaciones que se pudieran presentar y prepararse de forma integral a partir de sus propias necesidades.

El tercer tipo de caldeamiento es el que realizamos con el público al inicio de una función. Es un momento de gran relevancia, pues hemos aprendido que de eso dependerá que los asistentes se sientan lo suficientemente contenidos como para empezar a compartir trocitos de su historia y alimentar la función. Gran parte de esta etapa está en manos de la conducción a cargo; a menos que después de la explicación iniciemos con alguna actividad que requiera de la participación colectiva, aunque este aspecto es más propio del Teatro Espontáneo. Otras posibilidades para promover la participación consisten en realizar determinadas preguntas temáticas, presentar algunas formas, cantar canciones, utilizar fragmentos de versos, incluir escenas disparadoras o incluso implementar olores, como lo hace la compañía "El teatro de los elementos" de La Habana Cuba, entre otros múltiples rituales que podemos denominar *suaves*; es decir, que no son indispensables para el desarrollo de la función, pero proporcionan un ambiente favorable para preparar la intimidad y la confianza.

Cabe mencionar que, a diferencia del TE, el TP se construye de diversos rituales que contienen una estructura claramente definida e imprescindible para lograr el adecuado entretejido de una presentación. Ahora bien, aunque la curva de la función está perfectamente definida y el ritual es concreto, el estilo para llevarlos a cabo es flexible y variado, dado que cada compañía decide qué y cómo implementarlos: nosotros, por ejemplo, entramos cantando.

No está de más aclarar que para llevar a cabo el segundo tipo de caldeamiento, retomamos algunas actividades ejecutadas en entrenamientos pasados, con base en la temática de la función y el lugar donde nos presentaremos. En tanto que el tercero lo construimos una semana antes, durante la etapa de preparación para la presentación. Ambas actividades las lleva a cabo la persona que esté a cargo de la conducción.

Práctica de estructuras

Las estructuras, también conocidas como formas, son la base principal para la construcción de historias en el TE y en el TP, ya que constituyen el medio por el que se representarán las emociones y las narraciones compartidas por el público. Proporcionan un sentido estético, subjetivo y versátil que, a la vez que le permiten al narrador ser testigo de su historia, aluden también al simbolismo colectivo permitiendo una posible restructuración de ideas, emociones y creencias en el resto de la concurrencia. Por lo tanto, aun cuando la puesta en escena parte de una experiencia individual, todas las voces son escuchadas aun cuando no todas las personas hayan narrado una historia.

Debido a su ductilidad, cada una de las estructuras tiene la posibilidad de adecuarse a múltiples emociones o historias compartidas por cualquier persona sin importar la cultura ni la edad, pues tienen la capacidad de contener, por sí mismas, las partes de un todo narrativo. Al utilizarlas, los actores modifican ritmo, gestos, sonidos, expresiones y tipo de movimiento con el objetivo de adecuarlas a los requerimientos de cada historia por representar. Se dice que en el TP las formas están perfectamente definidas y que en el TE se adecuan conforme a las características, habilidades y preferencias de cada colectivo, de tal forma que la manera de realizarlas puede variar en gran medida. No obstante, no he visto a ningún colectivo practicarlas de la misma manera, independientemente de la modalidad que entrene; por lo tanto, la base fundamental para su práctica y puesta en escena serán los acuerdos grupales.

Existen tres tipos de estructuras: cortas no narrativas; cortas narrativas, también denominadas intermedias y, por último, formas largas.

1. **Formas cortas no narrativas**

Estructuras breves que no incorporan diálogo, frases extensas ni conversaciones. El tiempo de representación es apenas de unos cuantos segundos, los suficientes para que la imagen completa pueda ser recibida y sentida por el público. Nosotros usamos entre 20 y 40 seg. como tiempo promedio, sin que eso limite la propia sensibilidad para percibir el momento adecuado.

Por lo general, en el TP se utilizan al inicio de una función para representar emociones y sensaciones, debido a que nos permiten construir una atmósfera de confianza con el público. Se complementan con sonidos, onomatopeyas, una palabra o máximo dos, lo que dependerá de la estructura que se utilice; no se incluyen discursos ni diálogos. En el TE se pueden introducir en cualquier momento de la función, siempre y cuando se correspondan con la historia contada. Algunas son: Esculturas, pares, tótem, ventana facial, pares girados, entre otras que otras que más adelante explicaré.

2. **Formas cortas narrativas o intermedias**

Estructuras que son implementadas a partir de narraciones un poco más extensas, pero que no tienen un inicio, un desarrollo ni un final definidos. No son consideradas como historias completas, pero tampoco son meramente sensaciones, dado que contienen un poco más de información que las anteriores. En algunos colectivos se les reconoce como formas medias o intermedias. Se apoyan de sonidos, palabras y frases cortas. Por ejemplo: coro cardumen, *rant, amphora*, historia en partes, coro mosaico, coro vertical, diamante, etc. La diferencia entre el TP y el TE es que en el primero se introducen después de las formas cortas, una vez que el público ya se siente confiado y dispuesto a compartir un poco más de sí mismo; en tanto que en el TE se incluyen cuando el conductor lo considera propicio. Durante las figuras cortas e intermedias, los narradores permanecen sentados en sus asientos, a diferencia de las formas largas.

3. **Formas largas**

Estas son las estructuras propias para la representación de historias. Es decir, momentos que tienen una trama más completa en la que existe un inicio un desarrollo y un final concretos. La dramatización en el escenario tiene una duración promedio aproximada de tres a cinco minutos, tiempo que varía de acuerdo con la información proporcionada por el relator, quien, a lo largo de tres a cinco minutos, máximo, es entrevistado por quien conduce; de tal forma, el proceso completo de una historia ronda cerca de los ocho minutos, tomando en cuenta la representación y la entrevista. Para pasar a esta etapa, el narrador se sienta en una de las sillas ubicadas en el extremo inferior izquierdo del escenario –la más cercana a los actores– y el conductor lo hace en la que está del lado del público.

Personalmente considero que es de gran ayuda seleccionar una forma y dedicarle la segunda hora para pulirla, sobre todo aquellas que presentan mayor área de oportunidad en cada colectivo.

Actualmente, hemos concluido el primer semillero *Ekos Deus Teatros de Transformación*, un propósito acariciado y construido en colectivo desde tiempo atrás. Fue una actividad que, además de disfrutarla inmensamente, nos ha permitido reestructurar la manera en que cada uno transmite lo ya aprendido, no solo en el colectivo, sino también en cada una de nuestras distintas formaciones y áreas laborales que, sin duda, entrelazamos con nuestra pasión teatral. Hoy nos sentimos más capaces y más unidos; sabemos que juntos somos más fuertes.

Inicialmente, el semillero lo planeamos en cinco módulos de 16 sesiones con tres horas cada una, dedicadas al aprendizaje de una estructura y un tema adicional. Los tres primeros módulos se pensaron para el TP, el cuarto para el TE, el último para el rol de la música, más dos sesiones adicionales destinadas a una función para la comunidad con su entrenamiento previo. Cada uno de nosotros se encargó de planear tres o cuatro sesiones consecutivas, integradas por uno o dos caldeamientos inespecíficos, según la perspectiva del coordinador a cargo; varios caldeamientos específicos para integrar las posibilidades de la estructura en turno y, finalmente, por la práctica y pulido de la estructura en sí. Sin embargo, las expectativas y la realidad no siempre son buenas amigas. En el camino, decidimos realizar algunos ajustes, ya que el número de inscritos fue mayor al esperado y el emergente grupal manifestó otras demandas. Por lo tanto, eliminamos el tiempo destinado al TE y en la sesión número quince realizamos un intensivo de ocho horas, en el que no solo hicimos un repaso de todo lo aprendido, sino que también incluimos una función adicional con amigos y familiares. El entrenamiento para esta presentación nos permitió prepararlos, además, para las funciones destinadas a la comunidad, que, finalmente, fueron tres, repartidas entre el número de personas en formación.

El tiempo invertido fue preciso para que cada semilla aprendiera, asimilara, practicara y repasara la estructura del TP. Más adelante quizás volvamos a hacer esta travesía agregando algunas horas y sumando algunos días.

Después del entrenamiento con las semillas, continuábamos juntos dos horas más, tiempo destinado al entrenamiento de formas, ajuste de fechas, aclarar propósitos o desarrollar planeaciones, según el caso.

Representación de narrativas propias del colectivo

Esta ha sido una fase de gran importancia para el colectivo, puesto que ha generado una oportunidad de integración sumamente necesaria tanto para la cohesión grupal como para la práctica semanal y la representación de historias en cada función ofrecida. En esta etapa practicamos las formas aprendidas a partir de los momentos personales que cada uno de nosotros ofrece, narraciones que se llevan al escenario según la necesidad de cada caso y en congruencia con la curva de representación que manejamos desde el inicio del colectivo.

He observado que compartir un pedacito de nuestro mundo con esta tribu elegida como medio para parirnos en el TP y en el TE, favorece ciertos procesos de transformación que, si bien son individuales, me atrevo a afirmar que nos han llevado hacia una construcción colectiva anhelante por un cambio social que pueda beneficiar al mayor número de personas posibles, ya sea que nos demos cuenta de ello o no.

Un actor de TP y/o de TE necesita vivenciar en carne propia el impacto que una historia personal genera cuando es representada por medio de estos dispositivos, para reconocer las múltiples posibilidades de transformación y generación de conciencia que ofrecen. Quien practica esta labor sin haber pasado sus relatos por el cuerpo de actores, probablemente hará de su arte una representación frívola basada exclusivamente en la técnica; impactará quizás en el público, pero le faltará el corazón de la empatía y la magia del encuentro consigo mismo, además de las huellas que no dejará en su colectivo; lo que, en primera instancia, resulta incongruente con el principal objetivo de estos teatros: promover la consciencia, crear comunidad y generar posibilidades que acunen una transformación social.

El entrenamiento de las formas lo realizamos compartimos nuestra mundología con el grupo, narramos historias personales en beneficio de nuestra práctica teatral y, como efecto, nuestra visión del mundo se deconstruye. Dicho sea de paso, uno de los objetivos, que se ha quedado únicamente en la intención, consiste en analizar las representaciones realizadas en cada función, con la finalidad de reconocer aciertos, detectar áreas de oportunidad, replantearnos nuevas posibilidades de interpretación y desarrollar la creatividad. Eventualmente lo hemos hecho, pero no es una habilidad desarrollada del todo, dado que el tiempo nunca nos es suficiente. Es una fortuna que los videos se guarden en *YouTube*: verlos es otro camino para concientizar las áreas de oportunidad, trabajarlas y robustecer nuestra experiencia.

Una continua demanda de esta fragmentada sociedad, desde edades muy tempranas de la vida, inicia con la frase: "hagas lo que hagas tienes que ser el/la mejor", expresión que entorpece nuestro bienestar en el mundo, pues nos invita a ser competitivos, más que competentes. Lo que resulta en un constructo social carente de total aceptación para la creación de escenas –y en general como principio de vida dentro de las comunidades de los teatros que aquí expongo–, en su lugar, se exalta la circulación del protagonismo, opción que habilita la creación conjunta. Incorporar actividades que nos permitan distribuir el liderazgo serán de gran utilidad para fomentar la creatividad, la capacidad de síntesis, la horizontalidad, el trabajo conjunto y la confianza respecto a la capacidad que cada integrante tiene. Por el contrario, el monopolio del control obstaculizará el potencial grupal y la armonía interaccional.

Los lazos que se generan en un grupo en el que la intimidad se comparte son tan fuertes, que es muy probable que las emociones protagonicen uno o varios desencuentros, como en cualquier grupo humano. Sin embargo, cuando se ha trabajado previamente con los temores personales y los introyectos sociales, se eligen las batallas que verdaderamente merecen ser peleadas y se sueltan aquellas en las que los monstruos personales tienden a escalar los problemas.

Es importante enfatizar que el juego dramático solo puede ser sostenido en colectividad, en tanto que las acciones para mostrarse como la persona más calificada, en beneficio del lucimiento individual, pueden llegar a deshonrar el sentido de la historia. Una propuesta del teatro IMPRO para la creación de escenas, consiste en que cada integrante busque enaltecer las acciones de sus compañeros, recordando constantemente la frase ¡*Estoy aquí para ti!*, y preguntándonos continuamente *¿Qué puedo hacer para que tu propuesta brille?* Loreto Campuzano propone utilizar la primer frase en función del público. Con su amorosa voz, cobra un sentido aún más poderoso. Son principios que siempre hay que recordar en un escenario.

Durante la etapa de representación de narrativas en el colectivo, incluimos las formas a modo de una pequeña función para entrenar de modo integral todo lo que ha sido practicado a lo largo del día. Este ciclo puede ser ajustado en dos posibles direcciones: la preparación continua o las necesidades propias y próximas de cada función. Ya sea que tengan un corte temático, de tipo familiar, aniversarios, celebraciones, de carácter empresarial, con formato de taller, catástrofes…

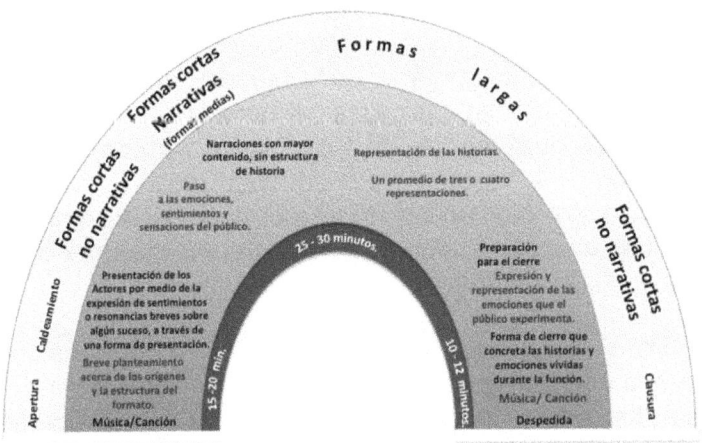

Fig. 1. Curva de desarrollo de una función en nuestra práctica.
Basada en la curva del TP*.

Trabajo musical. Vocal creativo

Para convertirnos en auténticos *Seres Humanos* necesitamos reconstruirnos constantemente a partir de la flexibilidad de la transformación, de la construcción de vínculos afectivos sólidos y estables, de la manifestación asertiva de la palabra, de la elección de valores que contendrán nuestras acciones, del hambre de actos, del trabajo conjunto dirigido a metas, de la reflexión de nuestros resultados, de la pasión indomable por disfrutar la vida y, por supuesto, de la sensibilidad para conectar con nuestros estados emocionales a través de la música.

De acuerdo con León. P.J. (2011), la música es una sucesión de notas armónicas que, sin importar el idioma, representa un vehículo de conexión entre los sentidos y las necesidades más profundas del alma. Se encuentra íntimamente ligada con el lenguaje, por lo que provoca emociones sintónicas, tal como el amor que se experimenta cuando recordamos a la persona amada; o distónicas, como en el caso de la experiencia del desamor. Impacta en aspectos que no pueden ser transmitidos en palabras pero que necesitamos comunicar, dado que somos seres sociales. Posee la cualidad, como todo arte, de "despertar, afinar y modular nuestra sensibilidad, percepción y conciencia de las cosas bellas de la vida" (pp. 24-25). Por último, favorece el sentido de pertenencia y estimula la integración social. Por lo tanto, este arte melódico no solo facilita el vínculo y la comunicación con el prójimo, sino también con uno mismo y con la entidad Divina. (Stravinski, 2006).

Por si fuera poco, de acuerdo con J.J. Moreno "La palabra y la música cuando van unidas, aumentan las conexiones rítmicas de los participantes y tal vez tengan un efecto positivo en el grado de participación y comunicación." (2005, pp. 24)

Con base en todo lo anterior, podemos vislumbrar la importancia que tiene la música para la dramatización[3] de historias, pues se convierte en una especie de actor desencarnado que toca y exalta los sentidos de todos los presentes, transformando sutilmente su percepción en conjunto con el resto de los roles, pues todos son parte de una misma danza despertadora de emociones.

En TE la música no demanda ser realizada por un experto, sino que de acuerdo con J. L. Moreno (1965) existen dos modalidades que, de forma activa, nos permiten extender nuestras capacidades creativas y sensibles. La primera es una forma orgánica que radica en la creación de ondas sonoras armónicas, utilizando únicamente el cuerpo y la voz. La segunda, se basa en el uso de instrumentos musicales de forma libre y espontánea, sin temor por el desconocimiento de la técnica formal, ya que la improvisación musical, independientemente de cómo se aplique, contribuye con el desarrollo de la creatividad y fomenta la sensibilidad necesaria para conectar empáticamente con

---

3 Los griegos utilizaron la palabra drama como genérico de todo tipo de obra teatral, para hacer énfasis en la actuación. En un sentido similar, el Dr. Jacobo Levy Moreno la uso para referirse a *llevar a la acción*.

las historias. Desde el TP, Jo Salas (2005) recomienda que esta labor sea desarrollada por un experto, sin que por ello se obstaculice a quienes han desarrollado las capacidades creativas y sensibles adecuadas para ejercer este rol sin ser especialistas. Durante tres sesiones del semillero 2019, Ramón transmitió cierta educación musical que facilitó improvisar los momentos musicales con gran éxito. Es impresionante como, con un poco de formación y mucha práctica, se logra realizar una buena labor en esta área.

Si bien, en *Ekos Deus* dedicamos el tiempo musical a la vocalización y práctica de canciones –dado que todos compartimos el gusto por el canto y su aplicación en las funciones–, es importante que cada colectivo utilice esta etapa de acuerdo con su propias necesidades; de ahí que verdaderamente se refuercen sus habilidades y sus resultados en el escenario. Algunos grupos preferirán practicar únicamente con instrumentos, otros con la creación de ritmos utilizando el cuerpo; varios más conjuntarán ambas. Nosotros hemos practicado las tres opciones; pero, en definitiva, preferimos que nuestro músico, Ramón, nos guíe; pues además de ser un profesional en la materia, nos tiene una gran paciencia cuando de cantar se trata.

Por otro lado, tengo la fortuna de jugar con TP y con TE en grupos de alumnos, tanto en el estado de Apizaco, Tlaxcala, como en organismos gubernamentales en la Ciudad de México. Generalmente piensan que la improvisación musical es de carácter únicamente ambiental; sin embargo, una vez que experimentan el impacto del dispositivo, reconocen el papel fundamental de la música durante las representaciones como movilizador de sensaciones. Considerar la música como meramente ambiental es un punto de vista limitante para la ejecución efectiva de cada escena.

Cierre de integración

El ser humano está hecho de historias construidas y, entre otras cosas, de ritos y rituales que funcionan como referencia de nuestro mundo simbólico. De acuerdo con Segalen (2005), el rito se caracteriza por una determinada composición de espacio-tiempo que incluye ciertos sistemas de comportamiento, lenguaje y signos emblemáticos que constituyen uno de los bienes comunes de un colectivo. Todo rito inicia con una acción que se repite constantemente.

Con el paso del tiempo, nos dimos cuenta de que cerrar el proceso del día requería de un espacio específico de reflexión que, además de ser otra forma de construirnos como colectivo, nos permitiera organizar las experiencias y las emociones vivenciadas más relevantes, así como concientizar el conocimiento pasado por el cuerpo y poner un punto final a las historias representadas después de haber danzado con ellas al son de las emociones. A partir de ello, implementamos distintos ritos de cierre para precisar lo anterior. Cada ocasión que terminamos un entrenamiento o una función sin darnos un tiempo para procesar lo integrado y reconocer el valor que cada experiencia se merece, me sentía incompleta; tal y como si las emociones quedaran suspendidas a modo de nebulosa negra sobre mi cabeza.

Recientemente implementamos una nuevo procedimiento para concluir nuestros encuentros: formamos un círculo, nos abrazamos por la cintura, juntamos nuestras cabezas y expresamos las experiencias que elegimos dejar, queremos llevarnos y deseamos compartir. Curiosamente, a partir de esta sencilla acción, la integración grupal comenzó a percibirse diferente: más nutritiva, más cohesionada, más transformadora. El narcisismo quedó desdibujado y los conflictos menguaron, lo que nos ha permitido reconocer un camino que vislumbra tintes de evolución. No quiere decir que todo se viva en perfecta armonía y en completa ausencia de caos; de hecho, la elaboración constante de acuerdos para mantener el equilibrio y la armonía, es el estandarte que busca proteger los ideales compartidos. Y aunque a veces los hilos parecen rasgarse, sabemos que es cuestión de tiempo, cuidados y reelaboración de convenios, lo que nos permitirá reajustar nuestros ritmos para continuar danzando al son de la creatividad espontánea, en beneficio de la pasión que nos une.

Cada grupo encontrará los ritos que mejor se adecuen con su cultura, tradiciones, creencias, valores, estructura y tipo de integración, no hay una forma específica ni una sistematización precisa para desarrollarlos. Incluirlos en nuestro grupo, ha sido determinante para la dimensión afectiva, la cohesión y el sentido de pertenencia. La cultura es un sistema que nos limita o concede ciertos permisos de acción; por lo tanto, es a partir de su contexto que amoldamos las acciones que le proporcionarán un mayor sentido a nuestros quehaceres teatrales.

Conforme fuimos avanzando en el proceso, decidimos incluir un ritual de apertura que, sin la intención específica por que así fuera, cumple con rituales propios del TP.

Las experiencias de cierre no abarcan más de 10 minutos; en cambio, la conexión simbólica que se genera entre los integrantes, supera por mucho la inversión de tiempo. En diversas ocasiones, aun cuando nos invade el hambre, prolongamos un poco más ese abrazo. Definitivamente somos unos sentimentales.

Coro Cardumen
Función "El otro México"

Actitud y disposición corporal

Lo bello del Teatro Playback radica en la perfección de lo imperfecto.

Postura neutra o de arraigo

De acuerdo con Whilhelm Reich y Alexander Lowen, el cuerpo acumula, conserva y refleja las experiencias y conflictos psicológicos personales de cada individuo, creando ciertas estructuras que impiden conectar con la libre identificación y expresión de emociones.

En el TP y TE el actor requiere, en principio, mejorar el contacto tanto con su propio cuerpo como con sus experiencias internas, a fin de percibir y proyectar adecuadamente los sentimientos y vivencias descritos en cada historia.

La postura neutra, también conocida como cero o de arraigo, es una propuesta que proviene de algunos planteamientos relacionados con lo corporal y lo psicocorporal. Decimos que estamos arraigados cuando tenemos los pies bien plantados sobre la tierra en un intercambio de energía que involucra tiempo, lugar, espacio y personas implicadas; estar arraigado es tener dispuestos la mente, el cuerpo y todos los sentidos para escuchar la esencia de las narraciones que darán origen a las historias en el escenario. Resulta esencial como soporte para mantenernos presentes.

Para tener los pies bien plantados sobre la tierra necesitamos mantener la columna recta, la coronilla al cielo, los brazos y los hombros relajados, las manos sueltas a los costados, los pies paralelos a la altura de la cadera, las piernas ligeramente flexionadas, la mirada al frente y el pecho abierto; todo en conjunto, nos habilita para tener una postura apta para la escucha y la acción. Para obtener una buena colocación de los pies, Susan Bloch propone juntar el talón del pie izquierdo a un costado del dedo gordo del pie derecho; sin despegar del piso la punta del primero, se levanta el talón y se desplaza en el sentido de las agujas del reloj hasta que ambos pies queden equidistantes y paralelos. Esta postura le indica al público que estamos dispuestos a escucharles sin juicios de por medio, aun sin haber cruzado una sola palabra. La respiración también es un aspecto importante en esta posición; sin embargo, la retomaré un poco más adelante.

Un momento adecuado para trabajar con la disposición corporal en el escenario es durante la segunda etapa del entrenamiento; es decir, cuando practicamos la implementación y la limpieza de formas, sin olvidar que la autoevaluación constante será la fiel cómplice que nos recuerde cómo ser un buen canal para representar historias.

El trabajo emocional del actor es de suma importancia, dado que si no tiene consciencia de su sentir, tampoco podrá percibir adecuadamente las emociones correspondientes de cada narración. Debido a ello, es importante asistir a un proceso psicoterapéutico que nos permita identificar más allá de nuestros conflictos personales.

La importancia de la respiración en el Teatro Playback y en el Teatro Espontáneo

La respiración no es un tema que le robe el sueño a la mayoría de las personas, de hecho, pensar en ella podría representarles una pérdida de tiempo. Si no respiramos, morimos, eso es claro. Pero ¿qué pasa si no respiramos adecuadamente? Hace no más de unas cuantas décadas, la ciencia ha otorgado un lugar en las filas de la investigación a este tema, no solo porque a través de ella nos mantenemos vivos, sino también porque se han dado cuenta de que impacta radicalmente en nuestros estados emocionales.

El modo habitual en que inhalamos la fuente vital de vida proyecta mucho de nuestra personalidad. Si lo hacemos entrecortadamente, se manifestará la sensación de tristeza; si es por la nariz, de forma torácica, apresurada y corta, el efecto del enojo se hará presente; la manera diafragmática y profunda, generará estados de calma, serenidad y presencia. Sea como sea, nuestra respiración es una especie de pase mágico que contribuye con el bienestar personal y, por ende, el *bienhacer* actoral.

Como practicantes de este tipo de teatros es importante reconocer nuestras emociones y sentimientos, profundizar en ellos, procesarlos, aceptarlos y honrarlos, al igual que con las historias compartidas por el público asistente. Solo así lograremos conectar con la esencia de cada narración sin mezclar los aspectos personales.

Respirar es un acto natural que pierde su naturalidad cuando, con el paso de los años y los impactos emocionales, adoptamos hábitos inadecuados que impactan tanto en nuestros estados emocionales como en la salud en general. Inhalar suavemente por la nariz, enviar el aire hacia el diafragma hasta la parte más baja del vientre, continuar con la zona media y finalmente con los pulmones, nos permitirá oxigenar nuestro cuerpo, estar presentes, conservar un estado emocional neutral, mantener el contacto con nosotros mismos y con nuestro entorno, incrementar nuestra energía y escuchar con atención. Para exhalar lo hacemos suavemente por la boca, con los labios ligeramente separados. El proceso es a la inversa; es decir, iniciamos por el aire en los pulmones, posteriormente con el del diafragma medio y finalizamos con el vientre bajo.

Otro de los beneficios de respirar adecuadamente, está en el manejo de la voz que, sin duda alguna, necesita ser proyectada en el escenario y escuchada por todos los asistentes, sin que eso signifique que necesitemos gritar ni lastimarnos la garganta.

Susan Bloch ha desarrollado investigaciones acerca de ciertos patrones efectores emocionales sumamente útiles, no solo para reproducir emociones en el escenario, sino también para todo individuo que busque conectar consigo mismo de manera saludable. Incluso en la práctica psicoterapéutica me han sido de gran utilidad con mis consultantes. Cada uno de ellos diferencia seis emociones básicas a las que se acceden mediante respiraciones y posturas gesto-corporales: enojo, miedo, tristeza, alegría, amor erótico y ternura, que, dicho sea de paso, esta última es necesario extenderla más allá del rol femenino, de los bebés y de las mascotas, para salvar al mundo de la falta de amor, empatía y complicidad que nos está devastando. Adquirir los libros de dicha autora y tomar un entrenamiento al respecto son una excelente oportunidad para potenciar nuestros recursos tanto en el escenario como en la vida personal. Una adecuada respiración no solo es un recurso de gran utilidad, sino uno de los rituales no nombrados pero implícitos e indispensables para la construcción creativa y espontánea en estos teatros.

Cabe mencionar que, sin ser el objetivo en sí, el TE y el TP provocan un proceso de transformación de doble vía. Por un lado, cuando el narrador observa su relato en acción, no solo revive su experiencia, sino que obtiene una nueva oportunidad para reelaborarlo; por el otro, los actores no solo representamos historias, sino que invertimos gran parte de nuestra vida trabajando para mantener limpio nuestro canal emocional: principal herramienta para el florecimiento de toda escena.

La escucha activa

Para honrar las historias es necesario aprender a escuchar sin prejuicios; escuchar con todos nuestros sentidos, con todos nuestros órganos y con toda el alma.

Como actores de teatros de representación, escuchar no es solamente mantenernos en silencio mientras miramos a un narrador; sino también, desarrollar la capacidad de poner en acción determinados procesos cognitivos que nos permitan comprender la esencia de lo que estamos escuchando, además de captar ciertos aspectos de su personalidad mediante la información no verbal que recibimos para asociar ideas que, espontáneamente, le den sentido y forma a la puesta en escena. Todo lo anterior se desarrolla mediante procesos de atención que resultan tan empíricos que, después de haberlos integrado, ni siquiera necesitamos pensar en ellos.

Ambos hemisferios colaboran con la finalidad implícita de generar un espacio de reconexión íntima que nos permita crear comunidad; el hemisferio derecho nutriéndose del lenguaje, a la vez que mantiene en orden los aspectos lógico racionales; el izquierdo atento de la percepción, las emociones, la metáfora y los aspectos creativos; ambos, *sentipensando*, tal como dos enamorados que reconocen que la única manera posible de hacer el amor es entregándose el uno al otro en perfecta interconexión. Es entonces cuando todo fluye y nada se detiene.

En alguna ocasión, uno de mis estudiantes me preguntó cómo era posible que un actor de TE y de TP escuchara activamente, si no podía hacer preguntas que le permitieran cerciorarse de la información recibida. En este sentido, quien conduce será el puente encargado de recabar la información necesaria para conectar a todos los roles, evitando que el cuerpo actoral se distraiga pensando más allá de lo necesario y, en consecuencia, capte parcialmente las historias y mensajes de cada narrador.

La expresión corporal

La expresión corporal es el medio que el cuerpo humano utiliza para manifestar sensaciones, ideas, emociones y pensamientos por medio de miradas, gestos y posturas corporales. Utilizarla de manera consciente y disciplinada en beneficio de nuestro quehacer teatral, nos permitirá mostrar reacciones más espontáneas, sensibles, creativas y eficaces para un mayor juego estético en el escenario.

En los teatros Playback y Espontáneo se trabaja con la expresión corporal colectiva; es decir, con un conjunto de cuerpos que sincroniza sus movimientos, gestos y acciones con el único fin de responder a una misma demanda de acción, indicada a través de una historia. Incluirla como parte del entrenamiento constante es una de nuestras prácticas no explicitadas.

Es verdad que hay que cuidar nuestra integridad y evitar exponernos a determinadas circunstancias para no ser violentados, pero la sociedad actual reprime el contacto físico más allá de la prevención, señalando la proximidad entre cuerpos como un acto pervertido e inadecuado del que tenemos que alejarnos a toda costa. Sin embargo, los teatros que en *Ekos Deus* practicamos van más allá de las imposiciones sociales y requieren de gran interacción física, a fin de generar estéticas profundas y emotivas que inviten a la reflexión. Es cierto que la expresión corporal inicia en lo individual y se agrega lentamente a lo colectivo, pero es a través de lo colectivo que logramos darle vida y significado a cada historia.

No hay un *Yo* más poderoso que aquel que se convierte en un *nosotros*, por convicción. Por lo tanto, para que una forma logre el impacto que requiere, necesita sumar todas y cada una de sus partes. Es por esto que en cada representación, nuestras acciones pretenden ajustarse orgánicamente a cada propuesta, tanto previa como posterior, con la intención de dar origen a un todo sistémico. Aunque no siempre tenemos el éxito que nos gustaría, hacemos lo mejor que podemos.

De acuerdo con Benito Vallejo (2001) un movimiento orgánico es aquél que resulta sano, natural, equilibrado, fluido, libre de tensiones y bloqueos.

"Consideramos que entre lo genético y lo social debe establecerse una complementariedad armónica, equilibrada y natural. En cuanto este equilibrio se rompiera o hubiese elementos que se salieran del funcionamiento natural, no sería posible la adaptación y transformación armónica conjunta entre organismos y medio social, produciéndose la involución, el deterioro y la degradación del organismo, del ambiente o de ambos en lugar de la evolución". (p. 42)

Como colectivo ocupamos gran parte de nuestros entrenamientos en los aspectos antes mencionados, con la finalidad de que nuestros cuerpos se ajusten entre sí sin el mayor reparo o represión en el escenario. Claro que siempre cabe la posibilidad de que, ante la proximidad, surjan pequeños accidentes como empujones o golpes. Por lo que trabajamos también con la conciencia corporal grupal y el manejo adecuado de los espacios. Estas prácticas han influido en la autorregulación y el autocuidado del grupo en el escenario, evitando golpes, malos momentos y protagonismos engorrosos. Ha sido un trabajo intenso, pero el tiempo invertido ha valido la pena.

De lo anterior, se han obtenido grandes recompensas, seamos conscientes de ello o no, puesto que además de desarrollar la consciencia de la otredad y reconocer su capacidad protagónica, entrelazada con el poder colectivo del *nosotros*, también hemos fortalecido nuestras redes neuronales con los criterios de inclusión, respeto y equilibrio. Un trabajo que poco a poco se ve reflejado también en la proyección de nuestra consciencia social.

Calidad de movimiento

Otro recurso que nos ha sido de gran utilidad para fortalecer la expresión corporal y la presencia escénica, es el de las calidades de movimiento propuestas por Laban (2004). De acuerdo con este autor, existen ciertas calidades de movimiento que al ser concientizadas, representan un camino ideal para el desarrollo de la creatividad corporal y sus múltiples posibilidades. Su entrenamiento nos ha permitido construir nuevos recursos para la construcción de personajes y el manejo del cuerpo en el escenario. Para desarrollarlas es necesario tomar en cuenta ciertas manifestaciones básicas: Peso/Gravedad, espacio, tiempo, e intensidad/flujo.

La primera se relaciona con la pesadez y la liviandad de los movimientos con respecto a la ley de la gravedad. La tensión que se aplica puede ser suave o fuerte, de tal modo que la calidad se traducirá en pesada y suave, pesada y fuerte, ligera y fuerte o ligera y suave. Por ejemplo: Dejarse caer en los brazos de un compañero; caminar como elefante; saltar como el simpático tigre juguetón de las caricaturas, llamado Tiger; caminar en la luna... Todas las anteriores son actividades lúdicas que podemos aplicar para esta práctica.

El espacio es el lugar donde ocurre el movimiento y su dirección. De acuerdo con sus dimensiones y formas podemos realizar movimientos directos: aquellos realizados de forma recta y penetrante; o indirectos, que son los realizados a partir de movimientos flexibles y ondulantes. Una vez definido el movimiento, entonces elegimos la dirección – izquierda, derecha, adelante y atrás–. La extensión de nuestro cuerpo será directamente proporcional al espacio donde nos encontremos, ya que extendemos o disminuimos nuestra kinésfera de acuerdo con las dimensiones de cada lugar.

Los niveles que utilizamos en el espacio se vinculan con el punto de apoyo sobre el que realizamos cada movimiento, ya sea alto, medio o bajo.

- En el nivel alto el actor se maneja completamente de pie, con la posibilidad de utilizar las extremidades del cuerpo para ampliar el nivel de kinésfera: esfera imaginaria tridimensional que rodea el cuerpo y que constituye un espacio que permite una mayor amplitud de movimiento y trazo de formas estéticas. Incluye saltar o pararse sobre cualquier elemento presente en el escenario.
- Con respecto al nivel medio existen varias interpretaciones: sentados, con las rodillas flexionadas, o apoya-

das sobre el piso... Independientemente de las distintas propuestas, en nuestro colectivo tomamos en cuenta la media entre el nivel alto y el nivel bajo, no solo a nivel personal, sino a partir de la construcción conjunta de cada estructura.

- En cuanto al nivel bajo, el actor se mueve en cuclillas o a ras del suelo, aunque acostarnos sobre el piso es poco usual, ya que por lo general nos encontramos en el mismo nivel que la audiencia, es decir, sin escenarios altos o espacios separatistas. Cuando llegamos a presentarnos en foros con tarimas o escenarios elevados, consideramos trabajar a nivel del suelo como una opción.

El tiempo se vincula con la velocidad que se ejerce al realizar una acción, ya sea de forma lenta o rápida. El énfasis está en encontrar una armonía de movimiento orgánico, que, a través de la estética, pueda acariciar los sentidos y tocar las emociones. La duración del movimiento requiere de una gran sensibilidad directamente proporcional a la narrativa de cada protagonista, a las emociones compartidas y a la forma elegida por la conducción. Prolongar la duración más allá de lo necesario puede impactar en el sentido inverso a las necesidades de cada historia.

Por último, la intensidad se conecta con la tensión muscular y la energía depositada en cada acción a realizar. A lo largo de sus entrenamientos, Jaques Lécoq propone siete niveles de tensión para practicar la intensidad: máxima distención, vacacional, economía de movimientos, el cuerpo sostenido o en estado de alerta, acción, retención de la acción, y, por último, máxima retención.

En el primer nivel, el cuerpo se encuentra en estado de total agotamiento, relajado, sin movimiento e incluso con los ojos cerrados. Para hablar se requeriría de un esfuerzo tal, que sería necesario pasar al siguiente nivel.

En esta etapa se utiliza un ritmo lento y continuo, acompañado de niveles muy bajos de energía. Por ejemplo, caminar tal y como lo haríamos después de un día agotador en el que no tenemos más energía que un *zombi*, o como cuando amanece y hay que levantarse de la cama pero aún se carece de energía suficiente. La capacidad de respuesta en este nivel es sumamente baja. En el TE o TP lo utilizamos únicamente cuando una historia lo demanda.

En la economía de movimientos las acciones no requieren de mayor esfuerzo, es un estado de completo equilibrio. Podría equipararse con la tensión empleada en un fin de semana relajado, un paseo por la playa o un día de campo, atentos a lo que pueda suceder pero sin un objetivo que determine nuestras acciones.

El cuerpo sostenido o de alerta representa el cuarto nivel propuesto por Lécoq, y el primero en el que aplicamos una mayor tensión. Se relaciona con un estado de consciencia plena, sin juicios. Le utilizamos cuando nos encontramos en la línea de inicio previa a una forma, en donde estamos conscientes, dispuestos y atentos a la narración del protagonista, con el objetivo de representar su historia.

La acción se relaciona con la decisión y la recreación de la escena. Cada movimiento tiene una misión y una intención específica. Cuando la vida sucede nuestro cuerpo responde a ello de manera inmediata a partir de la información que reciben nuestros sentidos. Asimismo es en el escenario: ante cada propuesta ofrecida fluye una réplica de acción que infiere presencia absoluta para poder ser concretada.

Con respecto a la retención de la acción, cualquier movimiento es contenido, no por ausencia de fuerza, intención o deseo, sino porque la energía es potencialmente interna. Los movimientos carecen de naturalidad, requieren mayor elaboración y, por lo tanto, precisan también de dominio corporal. Por ejemplo los mimos, los practicantes de *Chi*

Kung y los bailarines de ballet. Se utiliza para representaciones en cámara lenta o para momentos de gran intensidad emocional en los que el caos, las peleas o el erotismo se encuentran presentes. Se relaciona con aspectos de corte melodramático en los que se destacan los sentimientos y lo invisible se hace visible. Son movimientos que, por lo general, se acompañan con música, como se hace en la mayoría de las formas del TE y TP.

La máxima retención, última de las tensiones musculares, se representa con un cuerpo que no tiene la posibilidad de moverse fluidamente, casi petrificado. Involucra movimientos extremadamente lentos, expresivos y con gran tensión en los que se aplica un sobreesfuerzo similar al que hace un fisicoculturista cuando carga pesas. Se le relaciona con la tragedia, género en el que un error es fatal y los finales parecen ser inevitables y tristes. El tipo de movimientos utilizados en la danza *butoh* es un buen ejemplo de este nivel.

Cuando iniciamos con nuestra formación teníamos la mala costumbre de acelerar los movimientos, sin ton ni son. En algunas ocasiones por la falta de experiencia; en otras, debido a los nervios; en algunas más por exceso de entusiasmo, lo que provocaba poca claridad en la escenificación, carencia de peso escénico, menor impacto social y poca estética. Conforme fuimos trabajando los niveles anteriores, sobre todo con el penúltimo, se notó un mayor dominio del cuerpo y una mejora en cuanto a la técnica de acción. Al reconocer estos niveles de acción, comprendimos también que una historia puede tener una remarcada intensidad emocional y, a la vez, un ritmo extremadamente lento. Reconsiderar los tiempos, el espacio, el tono muscular, la fluidez y el ritmo propio de cada historia es una labor que exige un entrenamiento constante.

La retención de la acción se relaciona comúnmente con la cámara lenta; sin embargo, en la cámara rápida también se debe aplicar determinada tensión muscular, puesto que cada movimiento necesita precisión y exactitud para proporcionar limpieza y claridad en las propuestas realizadas.

En TE y en TP, el grupo de actores es un sistema de representación de historias que, además de desarrollar la consciencia corporal individual y colectiva, necesita también agregar un nivel de tensión mental-emocional; que, por no encontrar un mejor nombre le llamaré *conciencia grupal*, con la intención de referirme a la capacidad de observar, sentir y accionar en sincronía con todos aquellos con los que compartimos el escenario. De esta forma, el actor se sacudirá al narciso escénico que le acompaña y renunciará a los ideales egocéntricos de su mente para mantenerse pendiente de la construcción colectiva.

Función taller para cuidadores de niños y niñas con capacidades diferentes. 2015

¿Coordinador, conductor, moderador o director?

> Conozca todas las teorías, domine todas las técnicas, pero al tocar un alma humana, sea apenas otra alma humana.
> Carl Jung.

> Todo lo sabemos entre todos
> Alfonso Reyes.

En la comunidad de TP se le nombra conductor a la persona que cumple con una función muy especializada y diversa que, asertiva y equilibradamente, favorece la construcción conjunta para la elaboración de historias. Es quien enlaza al público con los actores al promover la creación de un ambiente íntimo y propicio para que la matriz de las historias se manifieste fértil, de modo que los narradores, hasta ahora ocultos entre el público, compartan sus recuerdos en una experiencia de cómoda e íntima relación que, aunque momentánea, resulta altamente contenedora. También es quien atiende las necesidades del público y toma decisiones que benefician el desarrollo adecuado e inclusivo en una función. (Salas, 2005)

En el caso de la colectividad libertaria del TE, se le nombra director a quien, de acuerdo con J. L. Moreno (1993. p. 338), cumple con tres funciones básicas:

> "Es un productor, [...] que trata de hallar a su público y a sus personajes, [...] extrayendo de ellos el material de un argumento [...]; es el principal terapeuta, pues descansa en sus hombros la responsabilidad final por el valor terapéutico de la producción total. [...] Su tarea es hacer actuar a los sujetos en el nivel espontáneo que beneficia a su equilibrio total; [finalmente], es un analista social [que] utiliza a los *yo auxiliares* como extensiones de sí mismo para obtener información de los sujetos que están

en el escenario, para someterlos a prueba y para influirlos"

Además de los conceptos anteriores, existe un gran número de escritos en internet que denominan como coordinadores o moderadores a la actividad que tiene como objetivo facilitar el desarrollo de una función, lo que puede resultar sumamente confuso cuando se busca comprender las responsabilidades de un rol, puesto que si bien son sinónimos, en realidad no representan lo mismo, sobre todo si lo analizamos desde la práctica. Es decir, trabajar con este tipo de teatros no solo se acuna en el entrenamiento de formas – lo que en sí ya representa un gran compromiso–, sino que también solicita la integración de otros roles que proporcionen contención y continuidad a los diferentes objetivos e inquietudes grupales, a fin de posibilitar sus diferentes necesidades.

Si bien tanto Jo Salas como Jacobo Levy Moreno han asignado lineamientos específicos para sus propuestas de dirección y conducción, respectivamente, he realizado una breve descripción de los cuatro términos que encontré, con el fin de desigualarlos y clarificar sus funciones. Veamos los significados que la Real Academia de la Lengua Española (RAE) designa a cada uno de estos conceptos:

- La palabra *coordinar* significa: "Unir dos o más cosas de manera que formen una unidad o conjunto armonioso/ Unir sintácticamente dos o más elementos del mismo nivel".
- Conducir se describe como "guiar o dirigir a alguien o algo hacia algún lugar /hacia a un objetivo o situación /hacia un negocio o la actuación de una colectividad".
- Dirección: "Camino o rumbo que un cuerpo sigue en su movimiento /Consejo, enseñanza y preceptos con que se encamina a alguien /Persona que decide la orientación artística y la programación de un teatro en un festival".

- Director de escena: "Persona que se ocupa de la dirección de todo lo relativo a la representación de una obra teatral, como la interpretación, la ambientación, etc".
- Moderador: "Persona que preside o dirige un debate, asamblea, mesa redonda, etc".

A partir de lo anterior, concluyo que director es quien, en el devenir de su propio camino, aconseja y enseña la orientación de un grupo, programa sus actividades con base en sus propias decisiones y, además, se ocupa de todo lo relativo al dispositivo utilizado. Quien ejerce este rol, lleva la carga total de la compañía en todos los sentidos: dirección escénica, horarios de entrenamiento, negociación y contratación de funciones, entre otros aspectos. Su presencia es primordial e indispensable para el desempeño del equipo. Su capacidad de poder hacer y sus recursos personales son dignos de un titán. Comúnmente, este título es utilizado en el TE.

El *coordinador*, por su parte, es quien acoge una estructura de igualdad en la que procura la vinculación de conocimientos, experiencias y saberes individuales en beneficio de los recursos del grupo, a fin de conformar una unidad armónica de crecimiento colectivo. No funge como protagonista, sino como alguien que favorece la integración de cada una de las partes, incluso la suya. En este sentido, es quien facilita las sesiones dedicadas al entrenamiento semanal. Puede ser la misma persona a cargo de la conducción, o cualquier otra con las habilidades para hacerlo.

Respecto al *conductor,* será quien ejerza la labor de guía y puente entre público, música y actores en el desarrollo de una función, con el propósito de llevar a todos los asistentes hacia la actuación colectiva. Jo Salas (2005) describe a detalle una serie de requisitos que considera propios de este rol en el TP.

Todo colectivo requiere de alguien que, en calidad de persona habilitada, se encuentre a cargo de la difusión, contratación, relaciones públicas y gestión para la negociación de funciones y lugares, independientemente de si se aspira a generar espacios de conciencia, obtener ingresos o cualquier otro. Este cargo le corresponderá a uno o varios *moderadores,* pues la carga en este sentido es bastante ardua y enloquecedora, si es que no se cuenta con los medios y el apoyo necesarios.

Las anteriores responsabilidades pueden ser rotativas o distribuidas entre aquellos integrantes que se encuentren interesados en desarrollar su práctica, si es que el grupo muestra interés en el trabajo colectivo y la repartición las tareas. Ninguno es mejor que otro, dado que todos funcionan sistémicamente: Nada somos si alguno de los elementos no es.

Después del semillero, tenemos nuevos integrantes. Esto nos ha permitido repartir responsabilidades e incorporar personas encargadas de la relatoría, la fotografía y la logística, respectivamente. De esta manera, cada uno de nosotros puede enfocarse por completo en su rol, sin descuidar ningún aspecto. Son las ventajas de ser un grupo numeroso.

La coordinación compartida

La coordinación de un grupo puede estar a cargo de una sola persona o ser repartida entre los integrantes que cuenten con las habilidades suficientes para guiarla. La decisión que se tome dependerá de los orígenes del colectivo, de los objetivos compartidos y, sobre todo, de la madurez alcanzada. A estas alturas, cada uno de nosotros lleva la esencia del resto, en mayor o menor medida, nos demos cuenta de ello o no, lo queramos o no; somos herencia y herederos de saberes que se intercambian sistémica, sistemática y simultáneamente.

Después de algunos años de construir nuestra historia en colectivo, creemos estar listos para incorporar una propuesta inspirada por el encuentro y la interacción con otros grupos. Algunos son provenientes del TE de américa del sur, y otros, como nosotros hasta ahora, son una especie de híbrido que danza entre las olas del Teatro Playback y las del Teatro Espontáneo. Este es el caso de la compañía *El Trueque* quienes, en congruencia con la propuesta de los hijos morenianos, *rolan* el protagonismo entre todos sus integrantes. Esta práctica además de aprovechar las cualidades que cada uno tiene, favorece el desarrollo personal y permite construir en colectivo. Tras coincidir en dos encuentros, uno en Cuba y otro en Ecuador, *El Trueque* ha dejado una huella profunda en nuestro quehacer teatral, ya que hemos comprendido que el trabajo en equipo se enriquece cuando el protagonismo se reparte. Es por eso que hemos votado a favor de que los entrenamientos y actividades sean distribuidos entre los miembros que quieran practicar otros roles, siempre que cuenten con la preparación suficiente. No ha ido fácil, hemos tenido que construir caminos nuevos para concretar este objetivo, sin embargo ya los estamos recorriendo.

Toda persona posee un conjunto de experiencias y conocimientos adquiridos a lo largo de su vida; compartirlos no solo contribuye con la evolución de aquellos con quienes propaga sus simientes, sino que también potencializa los propios saberes y enriquece la visión del mundo. Es por ello que repartir la coordinación ha sido bastante prolífico, no solo para la enseñanza en el semillero, sino también para el desarrollo de cada uno de nosotros como facilitadores, como amigos y como cómplices. Construir módulos de cuatro sesiones cada uno, integrados por los objetivos compartidos, la experiencia, los saberes y la pasión personal, ha sido todo un reto; las semillas se han nutrido de diferentes manantiales y nosotros hemos logrado satisfacer un poco más nuestras inquietudes personales y grupales.

La anterior decisión se mueve en congruencia con la propuesta del dispositivo del TE, que recomienda que todas los componentes experimenten todos los roles. De esta manera esperamos desarrollar otras virtudes, descubrir nuevas áreas de oportunidad, generar mayor complicidad y abrir las puertas para la promoción de nuevos grupos. Estamos edificando nuevas historias.

La Conducción de las funciones

A partir de la experiencia colectiva y de la práctica personal, tanto en el rol de actriz como en el de conductora, he podido comprobar algunos de los recursos que se requieren para poder conducir una función de manera competente. Muchos de ellos han sido explicados por Jo Salas (2005), otros solo pueden ser descubiertos a partir de las necesidades particulares de un colectivo. En nuestro caso, los resultados son los siguientes:

- Contar con la preparación y los conocimientos necesarios acerca de las estructuras, ya sea del TP o del TE; además de practicarlas constantemente a fin de comprenderlas con mayor claridad, no solo memorísticamente. Quien no tiene dominio y práctica de las formas no podrá comprender el verdadero significado de asignar una u otra. En el caso de la coordinación, este aspecto también es de gran importancia, ya que el desconocimiento impedirá guiar al grupo hacia la impecabilidad y la buena práctica.
- Capacidad de escucha. No solo favorece la selección de formas que se transmitirán a los actores, sino que también representa un modelo de transformación para la audiencia cuando, al saberse y sentirse escuchada, se establece un espacio de construcción conjunta en donde el nosotros le da cabida a la resignificación del Yo. La conducción, los actores y la audiencia ponen en práctica la necesidad principal de un mundo que considera normal encerrarse en sí mismo a través del uso imparable de la tecnología, olvidado la importancia de escuchar con todos los sentidos a nuestros semejantes.

- Sensibilidad en cuanto a manejo de grupos. Quien ha desarrollado esta capacidad puede reconocer el clima emocional y la necesidad común de los convocados. Lo que servirá para construir puentes adecuados entre la audiencia y los actores, promover la participación inclusiva, regular el equilibrio de la energía que se crea a lo largo de la función y generar un ambiente propicio para la intimidad. Es así como se favorecerán la empatía y la confianza, dos elementos indispensables para la fluidez de las historias.
- El entrenamiento en el arte de saber preguntar no radica en realizar demasiadas preguntas, sino en extraer la información más relevante de cada historia, con el objeto de facilitar el camino para la representación efectiva de escenas. Extenderse innecesariamente en el tiempo de la entrevista origina que el público se desconecte y que los actores pierdan la verdadera esencia del relato. Ya sea para la creación de personajes en el teatro o para la comprensión del mundo interno de una persona, existen seis pronombres interrogativos básicos que nos permitirán lograr una entrevista exitosa centrada en el narrador: ¿Dónde? ¿Cuándo? ¿Quién? ¿Cómo? ¿Qué? ¿Para qué?
- Capacidad para contener al narrador cuando, sensibilizado ante sus recuerdos, se embriaga de emociones desbordantes. En nuestra experiencia, un par de ellos han quedado sumamente susceptibles durante la representación de sus historias; fue una vivencia muy fuerte para todos, ya que no supimos cómo reaccionar. Afortunadamente, la red construida permitió que fueran consolados sutilmente por otros integrantes del público mientras continuábamos con la curva de la función. En este sentido, sería conveniente que cada colectiva construyera las estrategias de apoyo necesarias ante posibles contratiempos. Por ejemplo, que, en la medida de lo posible, alguno de los integrantes de apoyo estuviera preparado para dar soporte en esos casos: la persona encargada de la logística, la fotografía o la relatoría.

Si bien ambos teatros tienen aspectos que claramente los diferencian, también es verdad que se conforman de elementos y matices similares o compartidos que le brindan orden y contención al público asistente, como en el caso de la bienvenida y de algunas estructuras para la recreación de historias. En la mayoría de las ocasiones, en ambos encuadres se incluye una síntesis acerca de los orígenes del dispositivo que se va a utilizar y la manera en que funciona, ya sea desde la propuesta de Jacobo Levy Moreno o la de Jonathan Fox. Lo anterior cobra cierta lógica dado que las formas viajan de un colectivo a otro debido al constante compartir de experiencias tanto nacionales como internacionales, presentando adaptaciones o transformándose radicalmente. Más allá de las modificaciones o construcción de nuevas estructuras, lo verdaderamente importante consiste en rescatar el corazón de la historia.

    En el TP, después de la presentación de los actores, se le pregunta al público por las sensaciones o resonancias que experimentan en ese momento, lo que da pie, por lo general, a una escultura fluida. Posteriormente, a fin de entrelazar otras puntadas para la construcción del tejido de la función, la conducción puede incluir preguntas que incluyan polaridades y sentimientos encontrados; de tal forma, se abarcará un mayor rango de vivencias para que todas las voces sean escuchadas, aun cuando no todos los asistentes hayan narrado su experiencia personal.

    Una vez que un integrante del público se ha convertido en narrador, la conducción selecciona la estructura que considera apropiada para la representación; a partir de eso, los actores y actrices salen de la línea de inicio para construir la forma.

    Tanto en el TP como en el TE se escuchan frases organizadoras muy similares para indicar el inicio de una representación; para las formas cortas escuchamos algo semejante a: *Un par para Fulano ¡Vamos a ver!* En tanto que para las historias la construcción es un poco más extendida: *Una historia, en metáfora de:* "Hoy no me pude levantar" *para Fulano ¡Vamos a ver!* Si bien la forma corta únicamente contiene la estructura que el conductor considera propicia para la ejecución de la narración y el nombre para quien va dirigida en primer término, en el caso de las formas largas incluimos también un título, ya sea que el relator se lo ponga por petición de la conducción o que ésta lo construya a partir de las palabras o frases empleadas por el primero. Cabe mencionar que la frase de cierre ¡Vamos a ver! o ¡Veamos! Forma parte de la amplia estructura que Jo Salas (2005) nombra ritual del TP. Sin embargo, es muy común escucharla en un gran numero de colectivos provenientes de uno u otro formato.

Como parte de mi experiencia en el escenario, me he percatado de que presionar a algún integrante del público para que participe como narrador, puede resultarle bastante incómodo; lo que se notará en su lenguaje corporal. Por lo tanto, también se reflejará en la representación escénica. Ejercer este tipo de presión puede ser el resultado de la ansiedad que se experimenta ante un público silencioso o ante una idea mal entendida de la frase "para que todas las voces se escuchen". La cual se refiere, en cierto sentido, a la acción de promover el compartir de historias diversas, representativas del hilo conductor o del tema previamente establecido. Es decir, si la temática de la función es "Amores y desamores", y durante su desarrollo han surgido tres historias continuas de amor, el conductor puede realizar una pregunta que convoque a aquellos que han experimentado el desamor. De esa manera, en un sentido simbólico, como mencioné con anterioridad, todas las voces serán escuchadas aun cuando no se hayan manifestado explícitamente. Invitar no es presionar, ni convocar es obligar; promover que todos los sectores del público cuenten sus historias mediante preguntas estratégicas, presencia empática y libertad de elección, fortalecerá el impacto y el equilibrio de toda función. De acuerdo con Jonathan Fox, "un conductor sin integridad tenderá a dominar al narrador, errará al recoger pistas cruciales cuando la historia se desarrolla" (Fernández, A.

2018. pp. 31). Luego entonces, la paciencia será la cúspide a conquistar y la observación nuestra mayor aliada. Todo aquél que se encuentre a cargo de la conducción requiere desarrollar una visión panorámica capaz de detectar a quienes estén interesados en compartir su historia y preguntarles si desean hacerlo; en caso de una negativa, respetar su decisión sin azuzarle insistentemente para hablar, pues como dice Jo Salas (2005) "el público ha visto que son invitados pero nunca presionados a participar. (pp. 46)

Otra área de oportunidad consiste en ajustar las narraciones para reproducirlas siempre en el mismo orden memorizado de las estructuras, en vez de desarrollar la atenta escucha y seleccionar el recurso más adecuado para la historia compartida. La solución está en el entrenamiento constante del formato que se quiera practicar, ya sea que se utilicen las formas tradicionales del TP, las incluidas a partir del intercambio de experiencias con otros colectivos o las gestadas por medio de la construcción grupal creativa y espontánea.

Aún cuando he mencionado posibles áreas de oportunidad, cabe reconocer que todo nuevo conocimiento surge a partir de la valentía por experimentar nuevos modelos y propuestas; así que, como en todo proceso creativo, lo que es un error para algunos, es un acierto para otros. En este sentido, conviene explorar todos los caminos a fin de distinguir cuáles tienen un corazón grupal resonante, pues nada de valor hay donde todo ya está dicho.

Somos un colectivo en constante formación, pero incorporar todo lo aprendido en los distintos entrenamientos externos puede resultar extenuante, es por eso que hemos construido nuestra propia modalidad de trabajo, creada por la suma de experiencias, aportaciones y necesidades de cada integrante, cimentando así nuestra personalidad como grupo. Más allá de lo elegido en conjunto o bajo la coordinación de la persona en turno, el resultado siempre será producto de la edificación conjunta, pues como diría

Alfonso Reyes "entre todos lo sabemos todo", por lo tanto, entre todos lo construimos todo.

Quienes hemos experimentado el rol de la conducción, tenemos un discurso de bienvenida que resulta ideal en nuestras mentes. Te comparto el que he construido a partir de la admiración, el respeto, los vínculos, los saberes y las experiencias adquiridas:

"Bienvenidos a esta función de Teatro Playback –o Espontáneo, según sea el caso–. Nosotros somos el colectivo *Ekos Deus*. Ecos, porque resonamos con las historias que ustedes nos comparten; *Deus,* en honor a esa inteligencia cósmica que todos llevamos dentro, ese pedacito de Dios interno que nos habita.

Quizás alguno de ustedes ya conocen de qué se trata, para los que no, el Teatro Playback/Espontáneo fue creado por Jonathan Fox/Jacobo Levy Moreno en el año de 1975/1925. Forma parte de los teatros de improvisación. En él no existen guiones establecidos ni textos aprendidos de memoria, sino que se desarrolla a partir de las historias personales que ustedes nos comparten. Si nada nos cuentan, nada podríamos crear. Es así como dejan de ser espectadores para tomar un rol activo en el que, juntos, trazaremos el camino que recorrerá esta función.

Pero no te contaré más, mejor

¡Vamos a ver!"

Este es, como mencioné líneas arriba, el discurso nacido en mi corazón; sin embargo, las circunstancias, la creatividad, la espontaneidad, el lugar, el formato teatral y ¿por qué no? los nervios del momento, siempre influyen en el resultado final.

Manejo de telas

El color es un medio para ejercer influencia directa sobre el alma.
Wasiliy Kandinsky.

No hay demonio más perverso que la mente buscando perfección en las cosas que han pasado a ser propiedad de la intuición.

Desde una visión objetiva, la telas son elementos desencadenantes de movimiento, expresión y acción dramática. Debido a su flexibilidad se adaptan fácilmente a cualquier propuesta, puesto que pueden tomar múltiples formas y posibilidades: un corazón que late, un túnel hacia otros mundos, la placenta de un bebé recién nacido, la muerte como compañera ineludible, un ave libre, cadenas y muchas otras posibilidades. Son códigos de expresión subjetiva que pueden transmitir una gran variedad de mensajes a partir de las interpretaciones y contextos mentales de cada miembro de la audiencia.

En el colectivo contamos con telas amplias, ligeras y de distintos colores lisos que, sin caer en los clichés, puedan representar aspectos, emociones, ideas, imágenes, simbolismos e incluso personajes mencionados por el narrador. No las usamos como vestimenta, sino que aprovechamos la nobleza de sus múltiples posibilidades: un buen uso requiere de práctica y creatividad. Incorporarlas en algunos juegos y actividades con la intención de otorgarles un sentido diferente, nos ha permitido encontrar otras formas de representación.

Además de las telas, en el Teatro Espontáneo se utilizan diversos objetos y accesorios de apoyo: collares, sombreros, pelucas, lentes, estolas, capas, armas, bolsas, corbatas, etc. Sin embargo, no son esenciales ni forman parte de escenografía alguna, puesto que toda propuesta puede construirse con el mínimo de recursos y a partir de la experiencia creativo-colectiva. En el caso del Teatro Playback, las telas son el único recurso adicional. En algunas ocasiones también se utilizan cubos que se aprovechan como asiento para los actores, para jugar con las diversas propuestas y para manejar niveles de acción en el escenario.

Ya sea por consciencia o por experiencia, para nadie es desconocido el impacto que el entorno cromático tiene en los estados anímicos del ser humano. Cuando elegimos el color adecuado para la representación de una historia, éste impacta y estimula de forma sutil en la audiencia, pues es un medio que, aunque subjetivo, representa un aspecto emotivo cargado de simbolismos que expresan y exaltan el contenido de las historias. Si bien, como menciona Heller (2004), sus significados no tienen un origen innato, en la edad adulta se vivencian como si en efecto los tuvieran, pues la experiencia construida se gesta desde edades muy tempranas.

Existe una gran variedad de simbolismos más o menos universales, adjudicados a cada color, y, aunque no es una propuesta propia del TP ni del TE, profundizar un poco más en sus significados podría ser un elemento de apoyo para la representación de historias. Incluyo algunos, no sin antes recordar que estos dispositivos teatrales exaltan la espontaneidad creadora; por lo tanto, sugiero registrar los significados y, posteriormente, como todo recurso eficaz para la sobrevivencia, dejarlos en manos de la mente subconsciente, permitiendo que la sensibilidad intuitiva nos guíe durante la puesta en acción.

Simbolismos de los colores

- Amarillo: Se relaciona con la inteligencia, la sabiduría, el entendimiento, la conciencia, el darse cuenta, la energía, la felicidad, la innovación, la diversión, la belleza, la expansividad, la jovialidad, la impulsividad, el sol, la luz, el oro y la liberación de miedos internos.

- Amarillo intenso: Se puede utilizar en escenas donde se reclama atención, hay envidia, egoísmo, traición o narcisismo.

- Azul: Es el color del planeta. Ideal para representar la calma, la paz, la tranquilidad, el agua, la fuerza, el poder, la fortaleza, la perseverancia. Por ejemplo, podría utilizarse en una escena en la que alguien ha logrado superar el apetito por ansiedad.

- Blanco: Se le considera como el cuarto color primario, ya que no se obtiene de la mezcla de ningún otro color. Transmite pureza, purificación, transparencia, honestidad, perfección, luminosidad, vacío positivo, nada o todo por hacer. Representa también el inicio y la resurrección.

- Celeste: Se relaciona con el cielo, la paz, la serenidad, la calma, la meditación, el sosiego, el equilibrio, el entendimiento, la confianza, la fidelidad, divinidad, la seriedad, la lealtad, la seguridad, la comunicación, la toma de decisiones, la ubicación en la vida y la capacidad para concretar proyectos.

- Dorado: Inspira a la conexión con la divinidad, la espiritualidad, la lucidez, la sabiduría, la fe, la abundancia y con poderes curativos.

- Fucsia: Se relaciona con aspectos como la sobreprotección, la demanda de cariño y atención, la necesidad de reconocimiento.

- Granate: Podríamos utilizar este color para representar temas vinculados con el sentido de justicia y la equidad.

- Gris plomo: En la psicología del color se enlaza con cuestiones de aburrimiento, tristeza, nostalgia, melancolía, magia apagándose, calma, espera, neutralidad, indecisión, duda, ausencia de energía, formalidad, seriedad. Aunque, en el otro lado de la moneda, también se le relaciona con lo confiable y con la sabiduría.

- Lila: Cuando se gesta un cambio o una transformación en menor grado, podemos darle uso a una tela de este color.

- Marrón: Cuando hay un compromiso con la comunidad, sensibilidad social, estabilidad, ayuda al prójimo, trabajo en grupo, firmeza, compasión y conexión con la tierra, este color es ideal. También representa lo confortable y a la estación del otoño.

- Morado: Se asocia con la contemplación, el amor al prójimo, el idealismo, la sabiduría, la mezcla de lo femenino y lo masculino.

- Mostaza: Se puede utilizar cuando una escena se relaciona con el autoreconocimiento, la autoestima y la incomodidad o comodidad.

- Naranja: Este color se vincula con la creatividad, la acción, el movimiento, la energía, el dinamismo, la fertilidad, el vigor, la salud, la exaltación, el optimismo, la fraternidad, la fluidez en los procesos, el uso de herramientas, las habilidades o recursos, lo amigable, lo accesible, la ambición y el entusiasmo. También se podría utilizar en escenas en donde la hipocresía y la inestabilidad están presentes.

- Negro: En este color existe la ausencia de los demás colores. Se le asocia con la protección, el silencio, la desconfianza, lo sofisticado, lo sobrio, lo hermético, el estatus, el poder, la autoridad, la muerte, el luto, la aflicción, el misterio, lo profundo, el desánimo, la ignorancia, la malignidad, bloqueos.

- Negro brillante: Elegancia.

- Piel/melón: Se relaciona con vínculos emocionales con la familia.

- Plateado: Se le asocia con la luna, la paz, las capacidades psíquicas, con emociones fluctuantes y con una elevada percepción tanto sensorial como extrasensorial.

- Púrpura: Se vincula con significados de fe, devoción, castidad, templanza, majestuosidad, realeza y egocentrismo.

- Rosa: Exalta emociones relacionadas con el amor, la inocencia, la entrega, el afecto, la compasión, el altruismo, la dulzura, la paciencia, la amistad, la calma, la delicadeza, el equilibrio de emociones, la generosidad, la liberación de resentimientos y emociones destructivas.

- Rojo: Forma parte de las gamas antidepresivas y se le asocia con aspectos de energía, vitalidad, sangre, amor, excitación, protección, acción, audacia, pasión, sensualidad, placer, energía, valor, vida, sexo, guerra, fuego, erotismo, confianza en sí mismo, decisiones aceleradas, ser atrevido. También se considera utiliza para desbloquear caminos.

- Turquesa: Vinculado con el auto reconocimiento del cuerpo, la mente, el espíritu y el poder de auto sanación.

- Verde claro: Se relaciona con el bienestar, la salud, la vitalidad tranquilizadora, la armonía, lo orgánico, lo natural, lo fresco, el crecimiento, el equilibrio, la esperanza, la libertad, el cierre de heridas, la vida.

- Verde limón: Se vincula con la conciencia sanadora.

- Verde Oscuro: Relacionado con gente, con vivir en función de los demás, con correspondencia social y con el dinero.

- Violeta: Se puede emplear para indicar transformación, magia, espiritualidad e inspiración, misticismo, romanticismo, templanza, reflexión, expansión del poder creativo.

Existen conocimientos que cuando se nos preguntan, tendemos a olvidarlos; en tanto que si no nos los preguntan, se mantienen vivos y dispuestos para ser aplicados, aun en la inconsciencia de las palabras que expliquen sus cimientos. Los significados de los colores pertenecen, sin duda, a este tipo de saberes: Si me preguntan, no sé. Si no me preguntan, sí lo sé.

> Mézclense lanas diversas en el telar de la vida, unas de color alegre, otras que tristes lastiman.
>
> Tirso de Molina.

Gira: Cuerpos narrantes. 2018

> Arte es el objeto material o inmaterial.
> Estética es la forma de producirlo y percibirlo.
> El arte está en la cosa; la estética está en el sujeto y en su mirada.
> Augusto Boal.

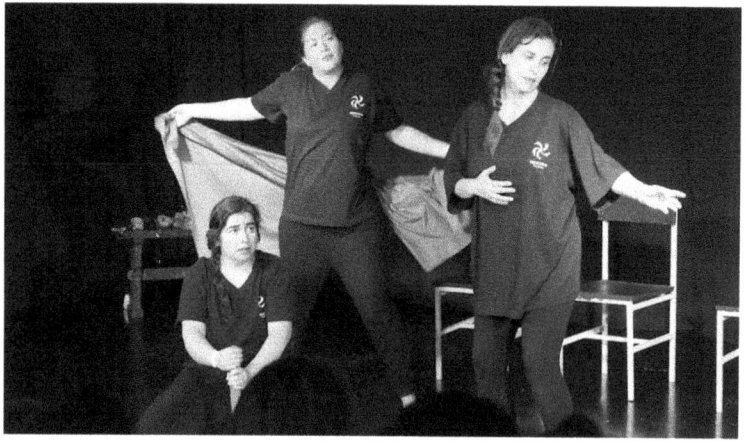

VII Foro Latinoamericano de Teatro Espontáneo en Ecuador. 2018

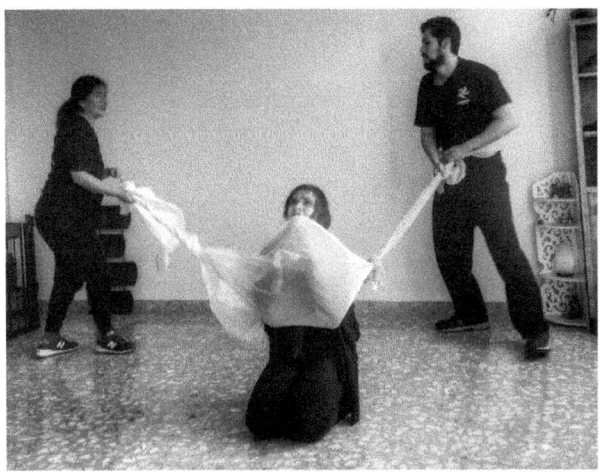
Función de cierre de año 2018.

El hilo rojo

Recobré el sentido por vivir cuando el Teatro Playback me encontró; ya estaba escrito.

"El nacimiento de nuestras historias es anterior a lo racional"
Jonathan Fox.

Existe una bella leyenda japonesa que cuenta que todas aquellas almas destinadas a encontrarse tarde o temprano lo harán, dado que están unidas mediante un hilo de seda rojo, irrompible. Cuando los asistentes a una función de TP o de TE se reúnen, el hilo rojo del destino se acorta para acercar a las personas destinadas a entretejer sus historias y conectarlas emocionalmente después de cada narración compartida y representada en el escenario. Al término de la función, podemos decir que finalmente sus almas se han encontrado, que han generado territorios compartidos y que han cumplido con esa partícula de encuentro nutritivo que contribuirá en la construcción de su identidad personal.

Al contar sus historias, el público crea un hilo conductor llamado hilo rojo que es el resultado del entrelazado de las narraciones durante una función. Cada una de ellas se conecta con el resto cuando, a partir de las resonancias surgidas, la fuerza de una historia se articula con alguno de nuestros recuerdos. Lo que no se ha dicho explícitamente pero se ve reflejado en el escenario, puede ser la matriz donde se geste la siguiente historia. Es así como emerge una nueva oportunidad para representar la vida. La suma de los relatos amplía la magnitud de la experiencia común hasta crear una historia colectiva que nunca más volverá a repetirse. Aun así, el tiempo compartido quedará impregnado de sutiles revelaciones que, sin duda alguna, contribuirán en los procesos de neuroplasticidad cerebral.

Logramos comprender a nuestros semejantes a partir de los sentimientos, no desde los procesos de pensamiento como muchas personas creen. Cada vez que una historia se representa en el escenario, el cúmulo de imágenes reflejadas activa las neuronas espejo de los observadores, quienes ante la capacidad de realizar representaciones internas de estados corporales, evocan espontáneamente sus recuerdos y experiencias personales.

Dichas neuronas espejo determinan nuestro comportamiento social y representan una base fundamental que explica, desde la neurofisiología, la forma en que conectamos con la experiencia empática, con los procesos de socialización y con la consciencia moral (Iacoboni, M. 2009). Es cuando estas neuronas se activan que contribuyen ampliamente con la construcción del preciado hilo rojo de una función, de tal forma que aun cuando no hayamos narrado nuestra historia, la veremos reflejada en el escenario de manera simbólica, dado que se construyen territorios compartidos de experiencias profundamente humanas que al ser representadas, nos permiten resignificar, de poco o de a mucho, una gran cantidad de vivencias.

Cuando nos escuchamos en las palabras de otros, compartimos emociones, liberamos sentimientos muchas veces reprimidos, nos sentimos acompañados y conectamos con un sinnúmero de aspectos profundos de nuestro ser. Por lo tanto, se forma un proceso que si bien no es psicoterapéutico, sí resulta sanador, puesto que todo ser humano se construye a partir de la interrelación constante tanto consigo mismo y con otros seres humanos. Todos los ahí presentes nos convertimos en testigos silenciosos, cómplices que al tejer un mismo lienzo en colectivo, recibimos el regalo de encontrar nuevos cauces para la resignificación de nuestras historias. Es así como, a través de estos teatros, nos modificamos por unos momentos, por un breve período de tiempo o para toda una vida.

La idea de crear un entretejido colectivo me invita a pensar en la conexión que existe entre los asistentes de una función de TP o de TE, quienes, consciente o inconscientemente, asistimos para construir espacios donde nuestras voces sean escuchadas y nuestra identidad se reestructure a través del uso del cuerpo y de las historias narradas, ya sean propias o compartidas por un tercero. El entrelazado comienza a construirse desde antes de iniciada la función, basta con que los extremos de cada punta se conecten para que las necesidades psicosocioculturales se visibilicen y afloren en toda su plenitud. No es casualidad que el hilo rojo del destino nos reúna sutilmente para rechazar el poder que como subalternos se ejerce sobre nosotros. Reconocernos como seres históricos involucra hacer un repaso de nuestra historia; no solo como individuos, sino como integrantes de una sociedad que sintiéndose oprimida, busca ser liberada.

El hilo rojo de cada función se reconoce una vez que la experiencia ha concluido; sin embargo, sería interesante desarrollar la pericia para detectarlo desde los primeros momentos en que, paradójicamente, sin ser evidente, comienza a manifestarse. ¿Será acaso que pueda impactar en el progreso de una función en cuanto al tipo de preguntas que se hagan o, incluso, en reconocer la esencia de cada función y lo verdaderamente importante de cada historia?. No nos confundamos, no se trata de manipular la función, sino de ser conscientes de las conexiones espontáneas que se van gestando entre una historia y otra. Estar presentes en actitud y escucha quizás nos permita darle forma a esta propuesta.

Narrativa Reticulada

Jonathan Fox, uno de los creadores del TP, continuamente desarrolla propuestas que le den contención a su trabajo artístico. Actualmente plantea una teoría llamada *Narrativa Reticulada*, que consta de cuatro aspectos fundamentales que, a su vez, incluyen otros elementos que impactan en el progreso de una función. En el libro de Ana María Fernández (2018), se encuentra un artículo escrito por el autor antes citado, en el que podemos comprender más a fondo esta propuesta, que enumeraré brevemente:

La historia: Nace antes de que pueda ser nombrada. Se construye a partir de las sensaciones y emociones experimentadas en cada narrativa escuchada y representada.

La espontaneidad: Involucra la plena disposición para fluir y construir en armonía con las historias narradas, sin la interferencia de la historia personal. Ya sea por parte de la conducción, por el cuerpo actoral o por la música, lo que permite la construcción escénica colectiva.

La atmósfera: Requiere tener cierta calidez construida a partir de la interrelación con el entorno, la amabilidad, la inclusión, la intensidad, el toque ceremonial y la resonancia surgida. "Si no se crea una atmósfera positiva, las historias no afloran" (pp. 37). En ella se incluye el medio o entorno, referente al espacio donde se realizará la función, que necesita ser optimo para lograr la claridad y mantener la buena escucha.

La guía: Mediante la conducta respetuosa y ritualista, la totalidad del colectivo muestra al público el modo en el que se espera que participen. El conductor requiere hacer uso de sus habilidades para elegir adecuadamente a los narradores conforme se esté desarrollando la función, ya que de ello dependerá la construcción de la narrativa reticulada. Toda esta teoría se continúa desarrollando en manos de su autor. Me supongo que en este punto, el autor enfatiza la selección del narrador, siempre y cuando existan varias manos levantadas para compartir una historia, dado que, literalmente, los conductores no designamos por voluntad pura, al relator.

Si alguno de estos elementos carece de intención, las historias narradas no reflejarán la interconexión necesaria para la construcción de significados compartidos. Es evidente que la narrativa reticulada propone una visión sistémica que integra el entretejido completo de una función. Es decir, que destaca la interacción de todos sus elementos de principio a fin, de tal forma que ninguna de sus partes, por sí sola, generaría la reconfiguración social pretendida. Por lo tanto, existe una relación causal entre las variables, –incluido público asistente, actores, conducción, música, espacio, clima, metodología logística, etc.,– que al organizarse, cumple eficazmente con la misión social implícita y explícita de este teatro de transformación.

Finalmente, ya sea que le llamemos hilo rojo o narrativa reticulada, no cabe duda que el resultado exitoso de una función se obtiene más allá de cualquier superficialidad sobreentendida, dado que involucra una integración de aspectos de orden bio-psico-socio-cultural-logístico, mucho más poderosa que la suma de sus partes.

Hay un anciano milenario habitante de la luna, que todas las noches sale para buscar aquellas almas que en la tierra, están destinadas a juntarse. Cuando las encuentra, las ata con un hilo rojo para que no se pierdan.

Leyenda Japonesa.

Escultura Fluida.
Temporada: Voces de la memoria indómita.
2016

Estructuras para la creación de historias

"Somos un grupo que respiramos juntos"
Lorena Núñez.

Las estructuras se enfocan en el uso del cuerpo como herramienta de expresión, lo que permite construir objetivamente la subjetividad de cada historia a través de un lenguaje casi poético cargado de emociones; una por una se van sumando a la anterior hasta conformar totalmente la curva de cada función. Dicha subjetividad, al ser representada creativa y espontáneamente, nos faculta para abrazar la colectividad, no desde una verdad única sino desde la interpretación legítima de cada integrante del público que, coinspirado por la multiplicidad de esquemas narrativos, conecta con una mirada de resignificación hacia sí mismo. A través de las formas existe la posibilidad de que todo observador tome un lugar simbólico dentro de lo observado, de tal manera que lo subjetivo toma un valor objetivo al ser contemplado desde la perspectiva personal.

Por lo general, un narrador ofrece su historia desde un proceso mental de tipo estático, construido de forma permanente a partir de las experiencias vivenciadas y las creencias que tiene al respecto; por lo tanto, al no ver su historia reproducida en el escenario tal como se encuentra en su mente, sino representada a través de procesos espontáneos y creativos que ofrecen las formas, se gesta una nueva oportunidad para ser testigo de su historia, vivenciarla desde un lugar diferente, resignificar algunos aspectos y reestructurar ciertas creencias.

La persona que se encuentre a cargo de la conducción requiere tener una gran sensibilidad para elegir la forma adecuada. Es muy común, para algunas personas, pensar que cada una de las formas se presenta de modo secuencial sin importar el contenido de las historias, cuando en realidad las formas se eligen de acuerdo con las características de cada historia: la forma se adapta a la historia, no la historia a la forma. Aunque, paradójicamente, historia y forma se adaptan una a la otra para lograr su objetivo. Tener una amplia variedad de estructuras podría evitar la interpretación de que la secuencia en el TP es inamovible.

A continuación comparto una mirada procedimental para la recreación de formas.

Algunas de ellas son descritas por sus autores, otras solo son mencionadas, el resto no procede de fuente escrita alguna, sino que, como lo mencioné al inicio, parten de la práctica personal tanto en el colectivo al que pertenezco, como de la interrelación con otros grupos de teatros de improvisación. Cada colectivo con el que nos hemos relacionado las desarrolla conforme a sus necesidades e interpretaciones grupales. Compilarlas en estas páginas tiene el único objetivo de facilitar su aplicación y su consulta.

Formas cortas no narrativas

Presentaciones
Son formas cortas que se utilizan a modo de introducción para preparar a los asistentes y permitirles reconocer el tipo de formato teatral que se utilizará. Se usan frases breves y espontáneas relacionadas con la experiencia personal de cada uno de los actores. El tema puede surgir a partir de los emergentes grupales o ser específico, como en el caso de las funciones dedicadas a las adicciones, los actos de resistencia, el amor, los sueños, etc. Cada compañía puede medir el tiempo de representación a partir de sus necesidades y resultados particulares.

Presentación en línea
La persona a cargo de la conducción realiza una pregunta que cada uno de nosotros deberá responder. Por lo común, el primero en hacerlo es Ramón, nuestro músico, quien

toca algún instrumento para dar su respuesta, a la vez que canta, hace algún sonido o dice alguna frase. Los actores respiramos al unísono, damos un paso al frente para representarle y, al concluir, regresamos simultáneamente a la línea de inicio, excepto quien se ubique en el extremo izquierdo –el más cercano al músico–, dado que será su turno para presentarse. El resto de los actores nuevamente damos un paso al frente para ubicarnos en el mismo nivel de quien se presentó para corporizar su respuesta. Este procedimiento se repite tantas veces como número de actores en el escenario.

Quien ejerce la conducción se presenta al final. Los actores, al igual que con el músico, damos un paso al frente para realizar la representación correspondiente. Al concluir, todos regresamos a la línea de inicio.

Conducción : Ramón ¿Cómo ha sido tu día?
Músico: toca
Actores: representan
Actriz: Hola soy Abbi. Mi día hoy ha sido divertido.

Presentación en flecha

Al igual que la anterior, le permite al público formarse una idea con respecto al tipo de teatro que va a presenciar. Para usarla, se requieren al menos cuatro actores en escena. La creamos después de cierto tiempo de practicar la anterior, puesto que somos demasiado inquietos y nos gusta implementar formas nuevas. Al principio la llamamos presentación en flecha, pero nos ha sido más fácil recordarla como presentación en triángulo. Si bien es una forma que se nos ocurrió espontáneamente, cuando se la mostramos a Lorena Núñez, nuestra coordinadora y conductora principal durante los tres primeros años del colectivo, nos dijo que era similar a otra que había conocido en alguno de sus viajes por américa del sur. No cabe duda que, tal y como proponía Carl Jung, somos parte de una realidad unificada en la que estamos interconectados más allá del espacio tiempo. Nuestra propuesta está realizada a fin de facilitar la construcción fluida y estética. Tal como en el resto de las estructuras, se inicia desde la línea base.

Después de realizar los tres primeros pasos de la forma anterior –hacer la pregunta, obtener la respuesta de la persona a cargo de la música y su correspondiente representación–, el actor ubicado en el extremo izquierdo de la línea de presentación se desplaza hacia el extremo izquierdo del escenario, mientras que el resto del grupo se desplaza hacia el extremo derecha para formar un triángulo: uno de los actores queda frente al público, como punta de la figura; atrás de él se acomodan dos más. Si hay otros, se ubican en una tercera línea a modo de punta de flecha.

El actor solitario se presenta con base en la pregunta realizada por la coordinación, para que el grupo de actores ubicados en el triángulo le representen. Una vez que concluyen, mantiene la postura estática durante algunos segundos, para luego enderezarse.

A continuación ocurren una serie de movimientos simultáneos de acuerdo con el número de actores en el escenario. Supongamos que son cuatro: 1) El actor de la punta del triángulo se desplaza hacia su izquierda para ocupar el lugar del actor solitario. 2) Cuando el actor de la punta desocupa ese espacio, el actor ubicado en la segunda fila de la figura, a mano derecha de la punta, da un paso al frente para ocupar el lugar vacío. 3) El actor a mano izquierda del actor que tomó la punta, se recorre hacia su derecha para ocupar el espacio libre. 4) El actor en solitario, se desplaza hacia su derecha para ocupar el lugar vacío ubicado en la segunda fila a mano izquierda del triángulo. En caso de que haya una tercera fila, se adecuan los movimientos.

El actor, ahora en solitario, se presenta para ser representado. El movimiento se repite hasta que todos se hayan mostrado. Finalmente, regresarán a la línea base para escuchar cómo se siente la persona a cargo de la conducción y representarla con el mismo formato con el que se reflejó a la persona encargada de la música, al inicio.

Aun cuando la figura es un triángulo y se mueven simultáneamente, los actores no se relacionan entre sí, sino que cada uno representa al actor que se presenta.

En caso de que el número de actores sea mayor, realizamos una serie de ajustes con base en los primeros movimientos.

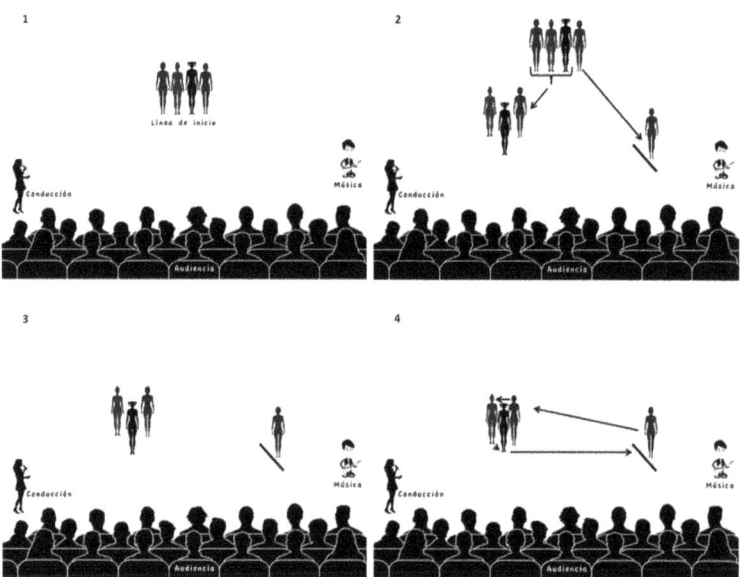

Procedimiento para la construcción de la presentación en flecha

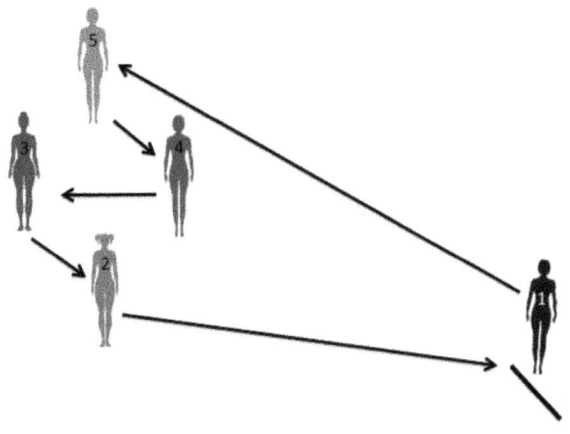

Ajuste de movimientos para cinco actores en escena

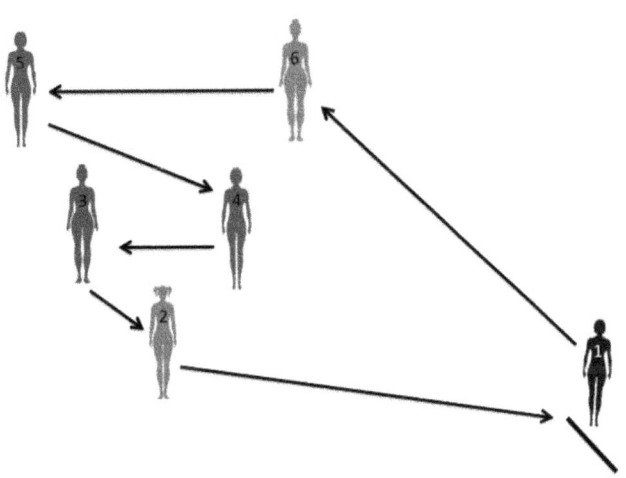

Ajuste de movimientos para seis actores en escena

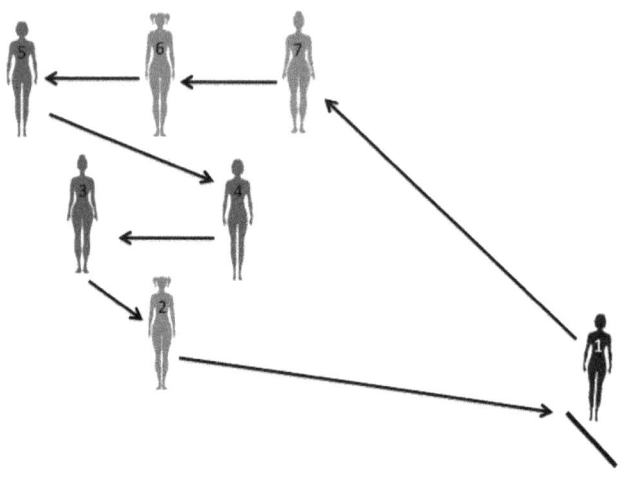

Ajuste de movimientos para siete actores en escena

Escultura fluida

De acuerdo con Pablo Población y Elisa López barbera (1997), Jacobo Levy Moreno fue el primero en incluir el drama –la acción– en el mundo de la psicosociología y la sociatría (artes terapéuticas). Entre sus aportaciones se encuentra la escultura, técnica psicodramática que tiene la finalidad de generar cambios estructurales. No obstante, su uso se ha extendido más allá de sus orígenes para abrazar distintos saberes y adaptaciones.

Es una forma de expresión no verbal que puede encerrar una gran cantidad de información en un tiempo y espacio concretos; a la par, posee un alto nivel de abstracción que permite abrazar diversas percepciones a través de una sola imagen. Es ideal para representar una emoción, una sensación o un pensamiento concreto. Los movimientos que se realizan son fluidos y armónicos. "El uso del cuerpo se muestra privilegiado y la palabra solo hace su aparición para simbolizar mensajes que ya han tomado forma y se emiten y perciben desde una comunicación analógica". (Población, *et al.* 1997. pp. 127). Incluye un sonido, una palabra o un tipo de respiración notable. No se realizan escenas ni se desarrollan historias; representa exclusivamente a la persona que comparte su sentir, sin incluir a otros personajes u objetos. El contacto cuerpo con cuerpo entre sus integrantes y la variación de niveles proporcionan una estética interesante que impacta a nivel emocional. Generalmente, como nos basamos en la curva del TP, empleamos esta forma al inicio de una función, aunque en algunas ocasiones también la incluimos como preparación para el cierre. En el caso del TE se utiliza si la narración lo sugiere. Durante su ejecución, evitamos mirar al narrador. Una vez concluida, dirigimos las miradas hacia él –tal como lo hacemos en el resto de las estructuras–. Al ser una de las más conocidas, podemos encontrarla en una gran variedad de escritos, tanto de TP como de TE. Nosotros la aplicamos de la siguiente manera:

La música se inicia conforme a lo narrado por alguno de los asistentes. Un actor da un paso hacia el centro del escenario y proyecta la postura elegida, acompañada de un movimiento y un sonido repetitivos. Uno por uno de los actores se va incorporando con diferentes posturas, niveles, movimientos y sonidos.

Es importante crear una sincronía fluida y continua de sonidos, de tal forma que cada actor tenga un espacio claro y audible, sin encimarse uno con otro ensordecedoramente.

Los cuerpos mantienen permanente contacto entre sí. Cuando todos ya se han integrado a la forma, el actor que la inició acelera o disminuye la velocidad de movimientos de acuerdo con la emoción compartida; los demás le imitan. Tenemos dos posibilidades para concluir esta representación. En la primera, el actor antes citado congela la postura cuando considera que ha sido suficiente. En la segunda, el músico lo hace cuando deja de tocar, dado que, como observador, puede reconocer cuando la estructura ha cumplido con su objetivo.

Para lograr una mayor estética en esta forma, cada integrante que se incorpora necesita observar las figuras y los movimientos previos de sus compañeros para no repetirlos y ajustar su cuerpo a la sintonía grupal que se va creando. El primer actor en salir de la línea base es quien propone una pauta de ritmo y movimiento con la que es conveniente sincronizarnos. Esto no quiere decir que el primero lleve una especie de batuta del ritmo grupal, sino que empezará con una propuesta que, a su vez, se ajustará sistemáticamente con la del resto de sus compañeros.

Si se quisieran representar varias emociones en una misma escultura, es conveniente representar primero una, congelar el movimiento por unos segundos y pasar a la siguiente, así sucesivamente hasta cubrir todas las emociones mencionadas. Las emociones a representar requieren pertenecer a una misma categoría, por ejemplo: alegría, amor, energía, victoria... Es importante no confundir la escultura fluida con la de transformación.

Escultura de transformación

Tiene el mismo fundamento que la anterior y un procedimiento muy similar, aunque distintas funciones. Consiste en devolver un recorrido emocional en transformaicón; por ejemplo, cuando una persona narra que se sintió aburrida y triste, pero de pronto vivió una experiencia que la llenó de alegría y entusiasmo. También se utiliza cuando lo compartido tiene características multiemocionales con polaridades o para representar una diversidad de emociones externadas por varios integrantes del público.

Nosotros la empleamos previo al cierre de una función, ya sea para concretar las emociones del momento en la audiencia o cuando el tiempo ha concluido y varios asistentes se han quedado con ganas de participar. Quien conduce indicará el trayecto emocional que los actores deberán realizar a partir de las emociones compartidas: Una escultura de transformación de enojo, tristeza, miedo y terror, hacia amor, equilibrio, seguridad, alegría y ternura. ¡Vamos a ver!.

Como en la mayoría de las formas que aplicamos, la música inicia en concordancia con la instrucción recibida. El primer actor en salir de la línea base se coloca en el extremo derecho del escenario, lugar donde se realizará la primer figura, el resto se acomodará a su alrededor evitando duplicar las emociones y los movimientos ya plasmados.

Para pasar de una emoción a otra, seguimos el mismo orden actoral con el que comenzamos. Es decir, una vez que todos los actores se integraron, mantenemos la estructura por unos momentos para que pueda ser apreciada en su totalidad. Posteriormente, el actor que la inició se dirige hacia el extremo izquierdo del escenario para darle seguimiento a una de las emociones polares. Uno por uno cambian de lugar hasta completar la nueva estructura.

La transformación, más allá del cambio de lugar, se observa principalmente en los cuerpos y las expresiones, de tal manera que necesita ser radical en cuanto a posturas, movimientos y sonidos realizados al pasar de una imagen a otra. En caso de que el espacio escénico sea muy reducido, se recomienda hacer la transformación en el mismo lugar en el que inició, después de detener el movimiento durante breves momentos.

Máquina

Practicábamos esta estructura en la Escuela Mexicana de Psicodrama y Sociometría (EMPS) para darle cuerpo a algunas emociones y sentimientos concretos, así como a ideas, valores y deseos. Forma parte de las estructuras del teatro de las personas oprimidas y del TE. Si bien tiene el mismo principio que la escultura, la diferencia principal radica en que se asemeja a un gran mecanismo interconectado en el que cada elemento depende del movimiento del resto, por lo que se sincroniza sistémica y mecánicamente.

Tal como su nombre lo indica, se asemeja a una máquina en funcionamiento con movimientos y sonidos repetitivos: una máquina socioemocional.

Tótem

En enero de 2018 realizamos nuestro primer viaje internacional, juntos, con destino a La habana, Cuba; donde cada año se realiza un encuentro de TE y TP. El Jovero, lugar que todo buen amante de estos teatros debe conocer, fue el espacio en el que aprendimos esta interesante forma. Consiste en una serie de cabezas apiladas una encima de la otra, a modo de símbolo icónico del individuo. Representa un sentimiento concreto o una serie de emociones. Cada expresión gestual incorporada muestra una faceta de lo compartido por el narrador. Se le pueden agregar un par de brazos o manos, tal y como sucede en los símbolos tribales del mismo nombre. Acompañarlo de un sonido o una palabra también es una alternativa viable. Su altura y colocación dependerán del número de integrantes que la construyan y del espacio dramático en el que nos encontremos.

Para crearla, un actor se coloca a nivel de piso, ya sea recostado boca abajo o sentado. El segundo, acomoda su barbilla sobre la cabeza del primero, el tercero sobre la del segundo y así sucesivamente hasta componer una línea vertical en la que cada cabeza descansa sobre la anterior. Es posible que en alguna parte de la estructura queden dos cabezas sobre una, tal como sucede en algunas figuras totémicas.

Para disolver la estructura, el último actor en incorporarse será quien se retire primero, después el penúltimo y así consecutivamente para evitar accidentes, amontonamientos y pérdidas de tiempo.

Ventana facial

Es una variante de la anterior, que, de acuerdo con las palabras del cubano Jorge Argudín en el foro antes mencionado, fue creada por su compañía. La estética se construye a partir de la imagen de una ventana llena de rostros conectados por las mejillas, acomodados en línea horizontal o a modo de cuadro. El énfasis, al igual que en el Tótem, descansa en la expresión gestual; por lo tanto, es una de las pocas estructuras que no acentúa los niveles corporales.

Pares

Esta forma se encuentra, desde la visión del TP, en el libro *Improvisando la vida real* (Salas, 2005). No obstante, también se emplea en el TE con variadas reestructuras surgidas a partir de los emergentes grupales, sociales, culturales y preferenciales.

Es una forma no narrativa usada para representar sentimientos encontrados o de indecisión; dos aspectos que conviven en una misma persona. Algunas compañías la proponen bajo la consigna de la NO interacción entre los integrantes. Sin embargo, en otras se propone justo lo contrario. Específicamente en el TP el rostro y la mirada de los actores debe permanecer de frente al público en todo momento, evitando que se miren entre sí, aun cuando se recomienda mantener la interacción corporal. No se trata de una lucha entre dualidades, como suele suceder, sino de mostrar que ambos aspectos cohabitan en un individuo.

Si la narración lo requiere, en *Ekos Deus* hemos acordado incluir el intercambio de miradas entre las dualidades sin exceder el recurso ni ocultar el rostro al público. Lo decidimos así puesto que lo consideramos un movimiento más orgánico y natural. Como apoyo, también utilizamos sonidos, palabras sueltas o frases cortas que se repiten.

Para construirla, el actor ubicado en el extremo derecho de la línea base–el más cercano al músico–, dará dos pasos al frente; el siguiente en salir será el tercero, quien quedará a la misma altura que el primero, aunque lo suficientemente separado de él para que cada uno pueda moverse con facilidad. Posteriormente, los actores 2 y 4 se colocan detrás de los primeros, respectivamente. Si hay más actores se sigue el mismo principio. En nuestra práctica, nos resulta estético que las cabezas de cada par salgan de la línea base al mismo tiempo. Acto seguido, los de atrás se acomodarán usando el mismo procedimiento. No siempre sale como lo planeamos, pero tampoco nos desagarramos las vestiduras por ello.

Quien está adelante elige una de las dos emociones externadas por el narrador, en tanto que el segundo representa la otra. En algunos colectivos acuerdan que el actor al frente represente la primera y el de atrás, la segunda. Nosotros preferimos fluir con la espontaneidad y ajustar nuestros cuerpos a la necesidad del momento.

La consciencia del otro es un trabajo permanente y constante; por lo tanto, si el actor de enfrente es más alto que el de atrás, se recomienda que el primero se coloque en un nivel corporal bajo o medio, con la finalidad de permitir que surja una estética adecuada de la forma.

La representación se realiza por turnos. La primer pareja en Iniciar es la que se encuentra del lado del músico. Cuando detiene el movimiento manteniendo la figura, inicia la siguiente pareja con una propuesta diferente. Así sucesivamente en caso de haber más parejas. Supongamos que tenemos las emociones amor y odio. Si la persona al frente de la primer pareja inicia con la representación del amor y la de atrás con la del odio, se recomienda que la segunda lo haga de manera invertida: la primera con el odio y la de atrás con el amor. De este modo, la estética percibida genera un impacto completamente diferente. La forma concluye cuando todas las parejas han detenido el movimiento y la música ha dejado de sonar.

En algunas compañías cubanas, después de que todos los pares han detenido el movimiento, se hacen sonar los tambores, aceleradamente, para que todos los duetos reinicien con sus mismos movimientos, pero en cámara rápida.

Pares
Semillero 2019.

Pares girados

Tiene el mismo objetivo que la forma anterior, pero con diferente estética. Esta estructura la aprendimos a lo largo de nuestra formación en la Escuela Mexicana de Psicodrama y Sociometría, aunque hemos visto que la utilizan en diversos colectivos, tanto nacionales como internacionales.

Para construirla, ambos actores se ponen de espaldas entre sí, de tal modo que uno queda de frente al público y el otro mirando hacia el fondo del escenario. El primero representa una de las emociones durante algunos segundos. Posteriormente, ambos actores giran sobre un mismo eje para que el otro actor quede de frente a la audiencia y encarne la otra emoción. La forma concluye cuando se han agotado las expresiones y todas las parejas congelan el movimiento.

Algunas compañías proponen que los actores se entrelacen de los brazos, que ambos personajes representen las emociones simultáneamente, que los giros sean muy lentos o abruptos. El resultado dependerá de los acuerdos que cada colectivo haya pactado a partir de su práctica, sus preferencias y sus habilidades.

No es una forma que practiquemos propiamente en el escenario; sin embargo, sí la utilizamos en algún taller- función, a fin de que los asistentes puedan ver representadas las emociones ambivalentes.

Pares gestuales

La diferencia con el anterior es que el énfasis está en la expresión gestual, por lo que es una forma particularmente compleja que requiere de ardua práctica. Por lo general, los integrantes se toman de las manos, lo que les ayuda a mantener el equilibrio y el contacto entre las espaldas con cada giro.

Diapositivas

Esta estructura también la aprendimos a lo largo de nuestra formación en la EMPS. En el TE se utiliza para representar emociones o sensaciones a través de una serie de imágenes fijas que la audiencia observa luego de abrir los ojos entre imagen e imagen, conforme se los indica la persona a cargo de la conducción. Cada vez que la audiencia cierra los ojos, los actores dan un paso al frente para realizar una postura corporal estática con diferentes propuestas y niveles corporales que mantendrán durante algunos momentos. El coordinador le pide al público abrir los ojos para observar la imagen. Este procedimiento se realiza tres o cuatro veces más.

La hemos aplicado un par de veces en alguna función, sobre todo en nuestros inicios. En realidad, es complicado asegurar que toda la audiencia mantendrá los ojos cerrados, pero si lo hacen, disfrutarán de las sensaciones que provoca en cada abrir y cerrar de ojos.

Ganesha

Esta estructura la creamos en el colectivo *Ekos Deus* y la presentamos en el sexto foro de Teatro Espontáneo y Teatro Playback, en la Cuidad de México. Está inspirada en los bailes representativos de la Diosa Ganesha, la de los múltiples brazos. Surgió con la intención de crear nuevas maneras de recapitular las emociones experimentadas por la audiencia, al concluir una función. Es una forma que requiere de mucha paciencia, práctica constante, coordinación y entrenamiento corporal.

Los actores se forman en línea vertical, uno detrás del otro. El primero de la fila dice una frase corta o una palabra relacionada con las historias representadas; en caso de que mueva los brazos será únicamente hacia el frente. Paralelamente, los compañeros de atrás extienden sus brazos hacia los costados, a diferentes alturas, tal y como la imagen de la diosa Ganesha. Por ejemplo, el segundo actor en la línea extiende los brazos ligeramente separados de sus piernas, aproximadamente a 5 cms de distancia. El siguiente lo hace a 25 cms. El cuarto, a 50 cms. El quinto en diagonal, sobre la línea del hombro. El último, completamente por encima de su cabeza. De cualquier modo, la altura de los brazos será directamente proporcional al número de integrantes en el escenario.

Una vez que el primero dijo la frase elegida, da un paso hacia su derecha, coloca las manos en postura de oración a la altura del pecho, inclina la cabeza y se dirige, en reversa, hacia el final de la fila. Cada integrante deberá reajustar su postura conforme al nuevo lugar para repetir el procedimiento.

Una vez que el primer actor vuelve a quedar al frente, se cuentan tantos tiempos como número de actores hay en la línea, más tres. En el cuarto tiempo el último integrante de la fila baja sus brazos; en el quinto, el penúltimo; en el sexto, el antepenúltimo, y así sucesivamente hasta llegar al primero. Finalmente, se colocan en línea horizontal a fin de mirar al narrador y regresar a la línea de inicio.

Los brazos pueden quedar fijos en el lugar asignado, con las palmas hacia el frente y agitando ligeramente las manos hacia arriba y hacia abajo, sacudiéndolas suavemente. Una vez dominada la forma, se pueden realizar movimientos más elaborados para acompañar cada frase. Aun cuando ya fue presentada, necesitamos practicarla con dedicación.

Triángulo. (Vozdukh Project)
Es una estructura intermedia que muestra una gran belleza estética. La aprendimos durante un taller a cargo de Anastasya Vorobyova, *playbackera* rusa que impartió un taller en la Ciudad de México. Ella enfatiza el trabajo con el cuerpo y el teatro físico. Si bien esta forma no requiere de palabras, sí ocupa acompañamiento musical. Se emplea para mostrar tres momentos de un historia.

Para realizarla, se colocan tres actores a modo de triángulo, de frente al público y muy juntos el uno con el otro. El actor colocado en la punta propone un movimiento repetitivo que los otros dos imitarán. Cuando percibe que sus compañeros ya tienen el movimiento claro y que el público los ha observado durante algunos momentos, se desplaza danzando por el escenario para corporizar un fragmento de la historia narrada por el protagonista. Durante esos momentos puede relacionarse con sus compañeros sin que ellos le respondan, ya que continuarán repitiendo el mismo movimiento asignado previamente. Cuando regresa a su lugar en la punta, todos congelan la postura por unos momentos para que un nuevo compañero se coloque al frente del triángulo y represente otro momento de la historia usando el mismo procedimiento. Lo mismo sucede con el tercer integrante quien, al completar su propuesta, concluye con la representación. Finalmente, los tres actores regresan a la línea de inicio.

Escenografía viviente: (Vozdukh Project)

Esta estructura la aprendimos en el mismo taller que la anterior. Se emplea para representar historias que contienen mucha carga emocional o emociones no nombradas pero presentes, en las que existen dos elementos en constante interacción. Por ejemplo, una historia de amor, un jefe y un trabajador, madre e hijo, toma ambivalente de decisiones, etc.

Para elaborarla se requiere un mínimo de cinco actores en escena. Los dos que se encuentran en cada extremo de la línea base dan un paso al frente, puesto que serán quienes representen la narración, haciendo énfasis en la expresión corporal a modo de danza. Los actores que se mantienen en la línea base enmarcarán el desarrollo de la historia, de tal modo que cuando los dobles inicien con la representación, alguno de los integrantes de la línea propondrá un movimiento que deberá ser imitado por el resto; cuando la acción se percibe suficiente, alguien más presentará un nuevo movimiento para que los demás le imiten. Así sucesivamente hasta que los dobles hayan concluido con el desarrollo de la propuesta. La intención es crear un escenario viviente que enmarque la representación de la historia. Los protagonistas no usan voz ni palabra, dado que es la persona a cargo de la música quien desempeña un rol de gran importancia en cuanto al aspecto sonoro.

Jardín de las esculturas

Esta estructura cumple con la función de recapitular las historias narradas durante una función, por lo que se usa a modo de cierre.

Para darle vida, uno de los integrantes se desplaza hacia algún lugar del escenario, donde, a modo de transición, congelará la postura durante breves segundos. Posteriormente realizará un movimiento y un sonido repetitivos, que representen alguna de las historias vivenciadas en la función. Luego de unos momentos, otro integrante repite el procedimiento. Entretanto, el primer actor no cesa el movimiento pero sí el sonido. Cuando todos los integrantes se han distribuido en el escenario, el primero que salió suspende el movimiento, luego el siguiente, y así sucesivamente hasta que se concluye la forma. Otra forma de practicarla es que, en vez de que las esculturas individuales se mantengan en movimiento, se queden estáticas cuando otro integrante ocupa el escenario.

Aunque comúnmente se utiliza a modo de cierre para recapitular historias, nosotros la utilizamos como apertura en una de nuestras funciones de aniversario. En vez de recapitular historias, cada uno de nosotros eligió un fragmento de canción o un poema, con los que iniciamos la función. Fue una linda experiencia, aunque confieso que nos faltó más tiempo para practicar la entonación de las canciones.

Haiku

Un *Haiku* es sencillo, mas no simple; es ligero y a la vez profundo. Tradicionalmente, se basa en los fenómenos naturales y en la cotidianidad de la vida. Su extensión emocional es tan amplia, que en Japón se acostumbra construir uno para despedirse de la vida. Incluso, para acompañarlo, hay quienes también crean una pintura que lo represente.

Si somos conscientes de lo anterior, será un poco más fácil comprender las bases y el significado de esta forma. De alguna manera, la nostalgia del adiós, la cotidianidad de la vida y los fenómenos de la naturaleza humana compartidos, se entretejen para darle sentido a esta estructura que, de acuerdo con Jo Salas (2005), se utiliza para concluir una función.

El conductor invita al público a nombrar algunos de los temas surgidos durante la función. Dos actores pasan al centro del escenario y, mientras que uno de ellos construye una oración a partir de las ideas compartidas, el otro le acomoda el cuerpo apoyándose en la frase compartida por su compañero, a fin de crear una especie de escultura. El procedimiento se repite una o dos veces mas. Hasta que ambos integrantes detienen el movimiento y conservan la figura final durante algunos momentos.

Se dice que esta forma se construye a partir de versos de 5-7-5 moras, tal y como en los poemas japoneses. El problema, es que, de acuerdo con el lenguaje utilizado, se tienden a confundir las moras lingüísticas, con las rimas.

Formas cortas narrativas o intermedias

Coro cardumen

Aunque en el TP recibe el nombre de *Coro*, en algunos ámbitos del psicodrama y del TE se le conoce como *Cardumen*. Por lo que, para diferenciarla de otras modalidades de coro utilizados en el psicodrama, nosotros la reconocemos como *Coro cardumen*. La utilizamos cuando lo narrado se apega a un suceso breve con carácter de anécdota, en la que se destacan diversos elementos, lugares o personajes. Tiene como objetivo resaltar los momentos más relevantes del relato. Los actores pueden representar cualquier personaje, situación u objeto nombrado, sin apegarse necesariamente a un orden cronológico.

El actor ubicado en el centro de la línea de inicio da un paso al frente; el resto se dispone a modo de triángulo o formando una V, lo que dependerá del número de actores presentes. La primer propuesta será realizada por cualquiera de los integrantes, siempre que éste se reubique en la punta de la figura. Cada intervención deberá retomar un solo fragmento de la narración, que será representado con el apoyo de una palabra y un movimiento repetitivos, que sus compañeros imitarán a modo de coro mientras dura la propuesta; una vez que queda establecida la palabra a reproducir, el actor puede incluir otras frases cortas relacionadas con el momento elegido. Cuando el grupo percibe que la propuesta se ha agotado, alguien más se desplaza hacia la punta de la estructura para representar otro momento; los demás se acomodan para conservar la distribución. Durante el desarrollo, los actores pueden desplazarse hacia los lados, hacia adelante o hacia atrás. Se concluye la forma cuando las propuestas se han agotado y los actores detienen el movimiento y mantienen la postura.

Coro lineal

Esta forma es una adaptación de la anterior. La conocimos en nuestro viaje a La Habana, Cuba, a través del colectivo *Los Elementos*, quienes la nombran *coro*. Sin embargo, para diferenciarla, la hemos nombrado coro lineal.

Tres aspectos la diferencian de la forma anterior. El primero es que los actores permanecen en una línea horizontal durante toda la representación; la segunda es que, en cada propuesta, cada uno de los actores emplea un tono diferente de voz, elegida a partir de los personajes y emociones mencionados en la narración, por lo que puede haber tonos de alegría, enojo, indignación, etc.; y, por último, las expresiones gestuales deben ser congruentes con la resonancia elegida.

Puede suceder que, si se descuida el ritmo, las voces se amontonen perdiendo claridad; por lo tanto, es importante enfatizar la escucha y respetar los turnos, sin perder la virtud de la espontaneidad. Cuando intentamos reproducirla, nos dimos cuenta de que se requiere de mucho entrenamiento para mantener una buena estética. Uno de los integrantes nos contó que una variación consiste en acompañar a la propuesta en turno, únicamente con movimientos y gestos en diferentes intensidades, aunque no tuvimos la oportunidad de apreciarla así.

Coro mosaico

Es una forma narrativa utilizada para representar un relato o realizar el cierre de una función. Originalmente, la aprendimos en la Escuela Mexicana de Psicodrama y Sociometría; más tarde con María Elena Garavelli en el foro latinoamericano de Teatro Espontáneo realizado en México. Comúnmente no la usamos durante las funciones, pero sí con los asistentes a algún taller con tema específico.

Los participantes se colocan en dos hileras acomodadas una detrás de la otra, cada una con el mismo número de integrantes. Los integrantes de la fila de adelante se sientan, en tanto que los de atrás se mantienen de pie, descansando las manos sobre los hombros de los compañero de enfrente. Esta forma consiste en una sucesión de interrupciones con ninguna idea propiamente concluida, pero, paradójicamente, clara.

Una persona inicia expresando alguna idea relacionada con el tema en cuestión; después de escucharle durante algunos segundos, otro participante expone su propuesta, de tal forma que quien inició guarda silencio al ser interrumpido. Este procedimiento se repite una y otra vez, hasta que todos los integrantes han participado dos o tres veces o la propuesta se agota. Para concluir, todas las voces se escuchan simultáneamente, cada vez más fuerte, hasta que intempestivamente guardan silencio.

Diamante

Es una forma muy utilizada tanto en psicodrama, como en TE y en TP. Se emplea principalmente para finalizar una función, ya que consiste en realizar una recapitulación de lo sucedido. Aplicarla en el ámbito de la docencia como medio de aprendizaje y para concluir la sesión del día, también me ha dado muy buenos resultados, entre otras formas.

Para ponerla en acción, los actores se acomodan a modo de diamante o de rombo, de acuerdo con el número de integrantes en el escenario. El actor ubicado al centro de la línea de inicio se desplaza hacia adelante para formar la primer punta de la figura. Los dos actores ubicados en cada extremo, se desplazan hacia la derecha e izquierda, respectivamente. El último actor se coloca en una tercera fila, por detrás del primero. La figura se ajustará de acuerdo con el número de integrantes en el escenario.

El actor dispuesto al frente representa alguno de los momentos vividos, por medio de una frase acompañada con movimiento corporal; durante ese tiempo, el resto de los integrantes se mantienen en posición neutral –en ocasiones, nosotros replicamos los movimientos, más por error y respaldo que por acuerdo grupal, lo que ha generado que normalicemos la repetición–. Al terminarla, cada integrante se desplaza simultáneamente hacia su derecha, con objeto de ocupar el lugar de su compañero inmediato, de tal manera que un nuevo actor quede al frente para realizar su propuesta.

Por lo común, se completan dos vueltas en esta forma. No obstante, dependerá de la indicación hecha por la persona a cargo de la conducción o del número de integrantes que la conformen. En algunas compañías, cada cambio de historia inicia con la frase: "Había una vez..." o "Esta es la historia de..." Al finalizar la última rotación, el actor colocado en la punta repite "Esta es la historia...", dando pie a que el resto de los actores formen una línea horizontal, extiendan los brazos hacia el público y concluyan la frase diciendo "... de todos nosotros". En *Ekos Deus* no lo aplicamos así; sin embargo, disfruto mucho cuando lo veo representado en otros colectivos.

Amphora griega

Es otra de las estructuras aprendidas durante nuestra formación en la EMPS, entre otras ya mencionadas. Se utiliza cuando una narración carece de un inicio, un desarrollo y un cierre concretos. Nosotros la hemos utilizado en funciones con taller previo para que los participantes representen sus emociones y experiencias; en algunos casos, también para concluir alguna función.

Para desarrollarla, los actores se posicionan en el centro del escenario para formar un círculo mirando hacia fuera, se enganchan por los brazos y comienzan a girar lenta e ininterrumpidamente sobre un mismo eje, a la vez que cada uno expresa alguno de los momentos de la narración; o de la función, en caso de utilizarla como cierre. Los discursos se realizan en voz baja, excepto cuando cada actor queda completamente de frente a la audiencia, momento en el que se convierte en la voz principal y debe ser completamente audible. La forma termina una vez que han pasado todos los integrantes y se han agotado todos los elementos de la historia.

Para cerrar una función, incorporamos las emociones y los sucesos tanto del público como los nuestros. En otros colectivos se incluyen solo los aspectos que le pertenecen al público. A final de cuentas, es el conductor el que indica el número de vueltas a realizar y las emociones por incluir, de acuerdo con su percepción y el desarrollo del hilo conductor.

Otra forma de realizar esta estructura es el *amphora* de bote, en la que los brazos no se enganchan, sino que son las caderas las que se mantienen en contacto; lo que también ofrece la posibilidad de utilizar los brazos.

Tableau

Es una forma intermedia de carácter narrativo, en la que se concreta una historia por medio de tres frases cortas que incluye, cada una, un sujeto, un verbo y un predicado. Los actores representarán cada frase en cámara lenta, hasta llegar a una imagen inmóvil que contenga profundidad y diferentes niveles corporales, tal y como si de un lienzo artístico se tratara. La primer oración concreta el inicio; la segunda, el desarrollo; y la última, el final.

Se utiliza como puente hacia las historias cuando el protagonista aún no se ha sentado en la silla del narrador, y lo relatado contiene un inicio, un desarrollo y un cierre concretos, por sí mismo; es decir, sin que se le hayan hecho preguntas. Se puede decir que es una sucesión de momentos representados, uno por uno, conforme la persona a cargo de la conducción los relata. Los actores no ocupan su voz ni hacen ruidos, sino que es el actor sonoro quien se hace cargo de lo necesario al respecto para la representación. De igual modo, quien musicaliza determina la duración de los movimientos, sonorizando hasta que lleguen a una postura que enmarque la frase representativa; el final de cada transición se indica por medio de un cierre musical claro y contundente.

Después de la indicación: Un *Tableau* para Mengano, ¡Vamos a ver!, el conductor se acomoda en el extremo frontal del escenario, opuesto al músico, donde ofrecerá la primer frase, narrada en tercera persona. Por ej. "Mengano esperaba inquieto a que las lentas horas pasaran". Partiendo de la línea base, los actores comenzarán a moverse en cámara lenta hasta llegar a la imagen final, que mantendrán estática mientras que quien conduce ofrece la segunda frase; al terminarla, desarrollan los siguientes movimientos hasta volver a detenerse, en espera de la tercera y última frase. Mantener un punto de contacto entre los actores, ya sea corporalmente o por medio de la mirada, es otro de los aspectos fundamentales para mantener constante la armonía estética de esta forma.

En el primer movimiento, durante la transición hacia la imagen fija, alguno de los actores se propondrá como protagonista o bien, será elegido por el grupo, de acuerdo con el modo en el que se desarrolle el proceso. Dado que todo es a partir de la observación, se necesita estar muy atento a cada suceso: a la narración del protagonista, a la frase ofrecida por quien conduce, a cada movimiento y propuesta del equipo actoral y a la intervención de la música. Me gusta pensar que esta estructura es como un lienzo en el que los personajes cobran vida cuando el sonido de la música los despierta, y se detienen cuando ésta lo hace, ambos en perfecta sincronía.

En nuestro colectivo hemos acordado incluir no tres, sino cuatro frases: inicio, desarrollo, desarrollo y conclusión. Quizás sea un ajuste temporal, mientras que la forma se apropia de nosotros, o quizás no; el tiempo y la práctica lo decidirán, por ahora cómo nos funciona ¡vamos a ver!

Seguramente, quienes han sido testigos de nuestro quehacer teatral, recordarán de un modo diferente el desarrollo de esta forma, y es que, desde que nació nuestro colectivo hace algunos años, hasta hace pocos meses atrás, la representábamos con movimientos escénicos más naturales, sin darle foco a un protagonista y sin que la música tuviera un lugar tan determinante para su construcción. No obstante, hoy por hoy incluimos y trabajamos con las actualizaciones dadas por Loreto Campuzano en el taller de habilidades avanzadas en TP, 2019. Nada menos podríamos esperar de un teatro vivo, mas que la transformación constante, no solo de quienes lo conforman, sino también del cómo se construye.

Rant

Aunque es parte de las estructuras intermedias del Teatro Playback, se ha adoptado también por algunas compañías de Teatro Espontáneo; esto se debe a la convivencia y compartir de herramientas entre quienes practicamos ambos teatros. Traducido del inglés, *rant* significa vociferar. Se utiliza cuando el narrador comparte alguna situación en la que las emociones quedaron reprimidas.

En esta forma, como en todas en realidad, los actores requieren desarrollar la doble escucha; es decir, aquello que no está dicho, pero que también existe en una narración. De tal manera, se necesita tomar en cuenta lo que es externado explícitamente, como, por ejemplo, las sensaciones de injusticia, emociones reprimidas, cosas que no se dijeron en el momento u otras múltiples posibilidades de corte similar; también se necesita considerar lo que se manifiesta por medio del cuerpo, el tono de voz y los gestos utilizados por el protagonista en tanto que narra su historia.

Los aspectos implícitos representados por la fenomenología requieren de mucha atención por parte de los actores, a fin de ser fieles a los fragmentos de vida compartidos. Es una estructura en la que hay que aprender a ver más allá de lo evidente, sin perdernos en suposiciones o interpretaciones personales.

El objetivo consiste en captar y mostrar la esencia de la historia, vociferando las emociones, sensaciones, sentimientos, pensamientos, ideas o experiencias específicamente del narrador, puesto que todo el cuerpo de actores simboliza al protagonista, sin incluir la visión de los otros personajes, a diferencia de otras formas.

Para llevarla a la práctica, los actores se ubican en la línea de inicio, y, paralelamente, giran hacia la derecha sobre su propio eje quedando de espaldas al público. De modo espontáneo, uno voltea hacia el frente –siempre por la derecha– para vociferar, en primera persona, alguno de los aspectos de la historia. Luego de unos segundos, otro de los actores se voltea interrumpiendo el discurso del primero para expresar un fragmento diferente, de modo que el anterior retorna nuevamente a su lugar. Uno a uno, indistintamente, giran hacia el frente y hacia atrás respectivamente, hasta completar el relato.

Una vez que la forma se ha agotado, se concluye con una frase, palabra o canción que la represente. Esto se logra mediante la resonancia grupal y la aceptación de propuestas, de tal manera que cuando uno de los actores emplea una frase que pueda finalizar la historia, otro se voltea repitiéndola, a modo de invitación para que el resto del grupo también lo haga. En el caso de la canción, la invitación nunca pasa desapercibida, ya que resulta muy contundente. Sería interesante que el músico pudiera participar aportando la canción para el cierre, cuando sea oportuno. Más adelante nosotros trabajemos en ello. Por ahora, ya he hecho la propuesta.

En ocasiones, la oferta para concluir la forma no es captada por el resto de los integrantes; sin embargo, lo importante en esos casos, es que la energía fluya de manera natural hasta llegar a un final que sea compartido por todos.

Historia en partes

Esta estructura, originaria del TP, se encuentra en el libro de Jo Salas con el nombre "Historia en tres partes". La utilizamos cuando la diégesis se puede concretar en un determinado número de momentos; cada uno de ellos representado por un actor diferente, quien puede elegir ente las personas, los animales, los objetos o cualquier elemento relevante de la narración.

Se inicia con una transición en la que el primer actor en salir a escena se coloca en una postura corporal fija, sugerente. Luego de breves segundos, quien musicaliza hace una cambio radical sonoro con el que se indica el comienzo de la representación. Cuando dicho actor detiene el movimiento y se mantiene inmóvil, el siguiente ofrece otro instante. Una vez que todos los participantes han desarrollado sus propuestas, la forma concluye. La cantidad de partes indicada es directamente proporcional al número de actores que representarán la historia. Por ejemplo, "Una historia en tres partes. ¡Vamos a ver!", "Una historia en 4 partes. ¡Veamos!, etc. Es recomendable que cada escena contenga un solo fragmento de la historia; así, todos los actores tendrán elementos suficientes para poder complementarla.

Comúnmente, en nuestro colectivo representamos esta forma en tres partes, ya que es la cantidad indicada originalmente en la estructura. Sin embargo, en alguna ocasión, durante una función del grupo *La Escafandra*, Andrea Sandoval solicitó realizarla bajo la instrucción: "Una historia, en las partes que ustedes quieran ¡Vamos a ver!". Al confiar en la sabiduría del grupo, la creatividad se desbordó amorosa y contenedoramente. He de decir que yo era la protagonista, así que puedo afirmar que el resultado no fue menor a lo que mi corazón necesitaba en ese momento, dado que mi relato abrazaba el duelo por la muerte de mi madre. Considero que se requiere de mucho entrenamiento como teatristas de improvisación, además de una gran sensibilidad, para atreverse a romper las reglas técnicas cuando el corazón confabula con la necesidad del momento.

Collage

En un inicio, la utilizamos como forma intermedia para representar historias no lineales que contenían diversas imágenes y sucesos, que simbolizamos por medio de una serie de micro representaciones interpretadas por uno o dos actores en cada escena; actualmente también la ocupamos a modo de cierre, para recapitular las representaciones realizadas. Lorena Nnoz nos ¡ os, de tal forma que quedan frente a frente senta su o reprimidaea y la repite, el resto del grupo se úñez nos la compartió luego de una de sus visitas a Nicaragua; posteriormente, también la vio en un grupo de TP, en el VI Congreso Iberoamericano de Psicodrama en Portugal.

Después de que se indica la forma, la mitad del grupo se gira hacia el lado izquierdo y la otra mitad hacia el derecho, a fin de desplazarse hacia los lados y formar dos líneas verticales, paralelas y visibles al público, lo suficientemente separadas como para que entre ambas se puedan construir los diferentes instantes que darán cuerpo a la narración. Alguno de los actores pasa al centro y efectúa su propuesta; en caso de que requiera apoyo, invita a algún compañero tomándole de la mano. También es posible que, ante la resonancia, otro actor se sume espontáneamente en alguna de las propuestas. Luego de representar el instante retornan a las filas ocupando los espacios vacíos. El proceso se repite tantas veces como la historia lo requiera.

La forma se concluye cuando los principales momentos se han agotado y alguno de los actores al centro dice una frase representativa con la que el resto del grupo resuena; entonces, se desplazan al centro para finalizar con una imagen fija de diferentes niveles corporales.

Rueda de la perspectiva

Se emplea con el fin de visibilizar los diferentes puntos de vista de las personas involucrados en una situación determinada, o para comprender con mayor amplitud algún tema en específico. Esta forma fue creada por Hellen Marcos (2017), quien la utiliza principalmente durante sus entrenamientos, como parte de los ejercicios de sensibilización a actores, preparándoles para representar cualquier postura en el escenario. Me recuerda mucho a una de las propuestas realizadas por Augusto Boal en su libro "El arcoíris del deseo" (2004), donde también describe una actividad en la que incluye las diferentes miradas de una situación.

La considero de gran utilidad, no solamente para visibilizar las diversos enfoques de una historia, sino como medio de comprensión, diferenciación y análisis de los temas vistos durante una sesión docente. Particularmente, la empleo con jóvenes universitarios, estudiantes de psicología, con quienes he obtenido muy buenos resultados. Requiere un mínimo de 4 o 5 actores, con el fin de que se comprenda la situación, desde el mayor número de ángulos posibles.

La creadora propone 10 segundos previos a la representación para que los actores elijan roles; no obstante, también pueden ser elegidos espontáneamente durante la acción. Al centro del escenario, los actores caminan en círculo hasta que alguno se detiene y, de frente al público, inicia con la frase "Ser o no ser..." completándola con el personaje elegido y su punto de vista. Por ejemplo: "Ser o no ser el cartero...cada vez que me acerco a la reja para dejar las carta en el buzón, un perro enloquecido se me avienta encima, por lo que he decidido aventarlas desde lejos para evitar que me muerda". Al terminar su propuesta, nuevamente caminan en círculo, hasta que otro actor se detiene y muestra a su personaje.

Oráculo

Se utiliza, principalmente, como ejercicio lúdico durante los entrenamientos. Consiste en un juego de adivinación en el que un oráculo, hecho de cuerpo y carne, predice lo que el futuro depara. Supongamos que alguien quiere averiguar quién ganará las próximas elecciones presidenciables. Tras la frase: Un oráculo, ¡vamos a ver! los actores juegan con el destino, brindando diversas interpretaciones.

Se retoma la postura de inicio del coro cardumen, se cierran los ojos y se baja la cabeza para tener un momento de preparación, paralelamente la música suena. Cuando los actores levantan la cabeza, la música cambia y los actores comienzan a moverse como si fuesen brujas conjuradas por la magia que profesan, en una estética que convoca al misticismo. Los actores susurran una serie de frases subjetivas a modo de respuesta. Uno por uno alzan la voz, sobresaliendo del resto para que el mensaje sea claramente escuchado.

Sin duda alguna, somos un colectivo sumamente inquieto, nos gusta encontrar y construir nuevas formas de expresión escénica. Por lo que decidimos adecuar este juego para utilizarlo como una estructura teatral que nos posibilitara honrara historias. Al conocer la vasta experiencia que tiene Andrea Sandoval en el TP, le pedí que nos apoyara con esta encomienda; fue así como se labró el camino para hacer las adaptaciones necesarias. Actualmente, ha sido recibida con muy buen agrado en Latinoamérica, donde la hemos dado a conocer como una forma de cierre.

Oráculo como forma de cierre.

La persona que conduce es la encargada de crear el momento solemne y la guía de lo que va a suceder, mediante una serie de preguntas pre-establecidas que el oráculo responderá una a la vez.

Los actores forman un círculo en el centro del escenario, mirando hacia afuera, hombro con hombro y sin dejar espacios. El primer actor en desplazarse será el que se encuentra al centro de la línea base, quien dará uno o dos pasos hacia el frente para ubicarse en medio del escenario. Inmediatamente después, los dos actores que estaban a su lado, se colocan junto a él, en sus respectivos lugares. Si hay más actores, se acomodan en el círculo de dos en dos.

Una vez construida la forma, la conducción realiza la primer pregunta: Oráculo ¿qué historias escuchamos el día de hoy? Los integrantes proyectan los movimientos necesarios para generar un entorno de misterio, a la vez que responden con base en la experiencia vivenciada, entre susurros y altavoces. Cada vez que detienen el movimiento, se realizan, una por vez, las siguientes preguntas: Oráculo ¿qué sentimientos estuvieron presentes hoy? ¿Cómo se conectan las historias de hoy? ¿Cuáles son los sentimientos de nuestros actores?

Para que todas las respuestas resulten audibles y claras, los momentos de altavoz pueden ser lanzadas por turnos conforme a las manecillas del reloj, de tal manera que el actor ubicado al frente sea el primero en manifestar su respuesta. Luego el que está a su derecha, y así sucesivamente hasta que todos hayan participado. Una vez dominada la estructura, el mejor camino será la espontaneidad.

Formas largas

Se construyen mediante una sucesión de escenas, basadas en narraciones que incluyen un inicio, un desarrollo y un final claros. En el TP simbolizan la cúspide de la curva de representación; es decir, el clímax o la parte medular de una función. Esta curva es muy específica y es parte de una serie de rituales que caracterizan a este dispositivo; si se modifica esta estructura, se renuncia al formato. Los detalles de los rituales propios del TP se encuentran en el libro de Jo Salas (2005). A diferencia del anterior, en el TE no se determina un tiempo específico para incorporarlas, sino que la conducción las solicita conforme a la necesidad del momento.

Desde el inicio de una función, tanto en TP como en TE, se colocan dos sillas ubicadas en el proscenio, a mano derecha de los actores e izquierda del público. Ambos asientos ubicadas ligeramente en diagonal, de tal forma que quien las ocupe pueda mirar tanto a los intérpretes como al público. La posición más cercana a los actores será para el narrador, en tanto que la ubicada del lado del público, será para la conducción.

Historia

Es la estructura básica en cuanto a la representación de las formas largas. Para lograr que una escena sea honorable, fresca y fluida, es necesario renunciar a cualquier idea prefabricada, definida, de perfección o de protagonismo narcisista; es necesario mantenernos atentos a las propuestas que cada uno de los compañeros ofrece para accionar a su favor, y es necesario, también, responder de manera espontánea y asertiva ante lo inesperado. En pocas palabras, saber improvisar tal y como lo hacemos en la vida real, además de integrar todo lo compartido en capítulos anteriores.

Cuando llega el momento de representar historias, la persona a cargo de la conducción invita al narrador a sentarse en el lugar destinado para ese momento, que, como mencioné con anterioridad, se ubica en el proscenio. Simultáneamente, los futuros intérpretes de la próxima composición escénica de la vida se sientan para escuchar la narración. No todas las colectivas acostumbran usar sillas para los actores; en cuyo caso, se mantienen de pie.

Una vez que el narrador está en la silla, la persona que conduce le solicita que elija a alguno de los integrantes en el escenario a fin de que le represente; esta acción puede realizarse antes de que inicie con el relato o momentos después. El actor elegido como doble se incorpora, da un paso al frente y se coloca en alguno de los extremos de la línea base para no obstaculizar la visión de sus compañeros –personalmente, prefiero el lado más cercano al narrador, dado que puedo escucharle mejor–. Algunos de nosotros comenzamos a realizar esta acción de manera espontánea, al no escuchar con claridad a nuestros protagonistas, pero al tomar el taller de habilidades avanzadas se convirtió en una indicación explícita.

Parte de los rituales característicos del TP, son las transiciones; es decir, acciones especiales previas a una representación, que indican el paso de una situación a otra.

Por ejemplo, en *Ekos Deus*, una vez que el narrador termina de contar su historia, los ninjas –actores que contribuyen con el desarrollo de la propuesta– se ponen de pie y, junto con el doble, realizan una respiración profunda que indica que están listos para iniciar con la representación; luego, giran sobre su propio eje hacia el lado contrario del músico para desplazarse hacia el extremo izquierdo del escenario, mismo lado en el que se encuentran las telas.

A lo largo del tiempo, hemos integrado diversos momentos de transición. Hasta hace poco, después de realizar los pasos mencionados en el párrafo anterior, el actor elegido como doble preparaba la escena, ya sea solo o con el apoyo de un ninja a quien elegía y acomodaba en una postura acorde con su propuesta. Ambos se mantenían en postura fija durante algunos momentos, hasta que la música comenzaba a sonar y los actores iniciaban con su representación.

Actualmente, continuamos respirando juntos, pero la escena no la prepara solamente el doble, sino que todos salimos a escena para construir una imagen fija en la que se reflejen los personajes y las resonancias de la narración, a modo de poster. Las telas pueden ser un buen apoyo en caso necesario. Luego de esta transición, los actores salen del escenario y el doble inicia con la representación. Sin duda alguna, existen diversas maneras de generar un ambiente ritualístico o chamánico en el que se acunen las historias y se honren las narraciones.

El actor elegido por el protagonista es el responsable de desarrollar la historia y de concluir la escena mediante una frase o palabra contundente. Posteriormente, congela la postura, indicando al resto de sus compañeros que la representación ha concluido. La construcción de la historia se realiza en equipo; el hecho de que el protagonista tenga la responsabilidad principal no significa que le abandonen en el escenario ni impide que colaboren con variadas propuestas. En caso de que el protagonista se vea imposibilitado de hacer propuestas, los ninjas pueden ofrecerle acciones que faciliten la consecución de la historia, a partir de la resonancia con el narrador.

Recursos para la creación de historias

Metáfora

Es uno de los principales recursos a desarrollar para la construcción de escenas. Se construye a partir de una idea paralela que evita la literalidad, sin que por ello se pierda la esencia de la narración compartida. Por ejemplo: un narrador expone que se sentía atrapado, sin salida y sin que nadie le escuchara, lo que se solucionó cuando decidió ir al psicólogo. Después de sentirse un poco más animado, salió de su prisión interna y conoció a la mujer que hoy es su esposa. La metáfora podría ser la de un ave que, encerrada en una jaula, pía con todas sus fuerzas mientras que el resto de los animales a su alrededor no le prestan atención alguna. En cierto momento, el ave le pía a un búho que va pasando; él la mira con atención, le abre la puerta y le invita a salir de su prisión. El ave en cuestión, poco a poco, se anima a revolotear alrededor de la jaula, hasta que aparece otra ave con la que establece un vínculo amoroso. La historia ha sido representada, mas no replicada. Esto permitirá que el narrador conecte con otros aspectos no vistos de su historia, además de que el resto de la audiencia podrá sentirse identificada con mayor fuerza, ya que estaremos integrando múltiples realidades y, posiblemente, favoreciendo la apropiación de nuevos significados.

El poder curativo de una metáfora, en los teatros PB y TE, tiene una estética bordada a mano que nos conduce por laberintos individuales simultáneos, en los que somos acompañados por un pequeño grupo de íntimos desconocidos. No inventa nuevos términos, sino que se construye a partir de una realidad que ya existe, enriquecida con elementos afectivos, emocionales y de representación colectiva que facilitan la reorganización del mundo interno de quien la mira. Sin duda alguna, la metáfora tiene un enorme poder de síntesis.

Dado que este recurso trasciende los límites de la percepción, podemos combinar las ideas recibidas por parte de los narradores, con el contexto social-situacional en el que nos encontramos, a fin de crear imágenes que la audiencia pueda interiorizar. Por el contrario, si no se tienen los referentes necesarios, no se podrá comprender ni relacionar el contenido que la forma ofrece.

Encontrar metáforas que toquen las múltiples verdades individuales contenidas en cada alma, es un trabajo que requiere de atención, práctica y escucha constantes. Leer cuentos y poesía, saber de mitología y escuchar las metáforas que utiliza el mismo narrador, son recursos que, sin duda, nos ayudarán en el aprendizaje, enriquecimiento, integración y aplicación de esta herramienta.

Focus
Es una forma propia del TP, que se utiliza cuando en una historia se narran dos escenas simultáneas. Por ejemplo, en el interior de una casa y en la recepción de un consultorio médico. Como todos los recurso para la creación de historias, puede ser indicado por quien conduce o retomado por iniciativa de los actores.

Se divide el escenario en dos partes. De un lado se ubica el actor-doble con los ninjas correspondientes; del otro, los ninjas que representarán el momento simultáneo de la historia. Una vez que se colocan en una postura fija, la música cambia y el protagonista comienza a desarrollar la primer escena; entretanto, los actores ubicados en la otra mitad del escenario se mantienen estáticos. En cierto punto, estos últimos retoman una palabra, oración o situación de la primera, que les sirva de puente para activar su escena. En ese momento, los primeros quedarán inmóviles permitiendo que la atención se enfoque en la nueva situación. Para cambiar de una escena a otra, se realizará el mismo procedimiento cuantas veces sea requerido, hasta que ambas escenas puedan fusionarse en una sola.

Danza espontánea

Se utiliza cuando un narrador comparte una historia completa que se encuentra cargada de imágenes y experiencias afectivas que, paradójicamente, le resultan difíciles de compartir.

El espacio escénico del cuerpo será la hoja en blanco en la que la audiencia depositará sus propias proyecciones, al conectar con el corazón de la historia. De este modo, a través de su danza, el actor arroja a la audiencia un sinfín de posibilidades que son abrazadas por la individualidad de cada asistente.

Al incorporarnos en el escenario, utilizamos movimientos fluidos que asemejan una especie de baile emocional, en el que se evocarán los momentos importantes de la narración, sin hacer uso de la palabra. El objetivo es crear un espacio escénico, hasta cierto punto poético, en el que se externen libremente todo tipo de emociones, sin dejar de honrar a su narrador, en todos los sentidos.

Aun cuando no se requiere ser bailarín para practicar esta forma, el cuerpo del actor con entrenamiento en danza aporta una belleza muy particular a la forma. Cada vez que hemos utilizado este recurso, las telas se han convertido en nuestras mayores aliadas.

Mamut / Tribu: (Vozdukh)

El actor que representa al protagonista, da un paso al frente; el resto de los actores se reparte por detrás de su espalda de manera proporcional y muy cerca unos de otros; por ejemplo, dos personas hacia un lado y dos hacia el otro.

Consiste en crear tres etapas en las que se represente el inicio, el desarrollo y el final de una historia. Para lograrlo, el actor al frente establece una postura corporal estática, que el resto de los ejecutantes replicará. Una vez que todos se encuentran en idéntica postura, dicho actor saldrá del cuadro estético e iniciará una serie de movimientos simbólicos, a modo de danza, que concreten el inicio de la narración; mientras eso sucede, los demás integrantes salen hacia los costados del escenario. El primer momento finaliza cuando el doble se detiene en nueva postura y sus compañeros se colocan nuevamente por detrás de él para imitarle. Los dos momentos posteriores se desarrollan siguiendo el mismo procedimiento. Al concluir la tercera etapa, el representante de la historia replica el epílogo, y, al terminar, se reincorpora con sus colegas a fin de danzar todos al mismo tiempo, hasta que él nuevamente detiene su movimiento.

Canción

Los estilos para construir formas largas tienen diversas influencias teatrales; pueden ser tan variados como la creatividad se manifieste. Por ejemplo, Hellen Marcos retoma del teatro IMPRO la estructura de *La canción* para incluirla en su dispositivo.

Esta herramienta se emplea cuando un narrador ofrece una opinión general acerca de un tema en específico, desde un punto de vista meramente racional. Es decir, cuando lo narrado viene de la razón y no del corazón.

De acuerdo con el tema y con las expresiones del narrador, la representación llevará un título que puede incluirse como parte del coro. Los actores se colocan en una línea horizontal, de frente al público. De izquierda a derecha, cada uno de ellos canta una estrofa de cuatro líneas, de preferencia a modo de verso. Originalmente, al quinto intérprete le corresponde desarrollar el coro de la canción, que es repetido, una vez más, por el resto de los actores. Cada intérprete participa con dos o tres estrofas diferentes, de acuerdo con el número de participantes. Sin embargo, la persona encargada de crear el coro será siempre la responsable de volver a cantarlo cuando llegue nuevamente su turno. La forma termina cantando el coro.

Actualmente, la compañía desarrolla el coro cuando llega al tercer intérprete, tal y como sucede en el Teatro IMPRO. En ambos casos, este recurso es sumamente disfrutable.

Musical

Al igual que la anterior se retoma del teatro IMPRO. Se desarrolla como una pequeña obra de teatro musical.

Otros recursos

Escenas disparadoras

Esta herramienta se utiliza para evocar cierto tipo de recuerdos en el público que asiste a una función temática. Consiste en incluir de dos a cuatro escenas no lineales, pactadas y practicadas durante el entrenamiento previo, a fin de representarlas espontáneamente antes de iniciar con la función.

Metáfora con Sombras

Más que una forma, es un recurso que puede incorporarse durante el desarrollo de una historia, con el objeto de visibilizar las emociones no expresadas pero sí demostradas o sentidas por el narrador. Por ejemplo: Una persona cuenta que su mejor amigo le ha compartido tener una nueva novia; el narrador está enamorado de ella pero nunca lo ha manifestado. Externa alegría por el triunfo de su amigo pero internamente experimenta un sentimiento de dolor. En ese momento, las sombras se distribuyen estéticamente detrás del actor-protagonista para darle cuerpo a las emociones ocultas pero presentes, como el miedo, el enojo, la tristeza, la decepción...

En este caso, las sombras no dialogan con el protagonista ni hablan entre sí, solo representan, paraleleamente, la intensidad de la emoción. No hay un número específico de actores que representen la emoción; sin embargo, cuando tres actores sincronizan espontáneamente su intervención, proporcionan una estética interesante.

Corifeos

De acuerdo con la poética aristotélica, las raíces del teatro tienen su origen en las danzas corales ofrecidos al dios Dionisio, cuando surge el Corifeo: uno de los integrantes del círculo sale de él e inicia un diálogo espontáneo con el resto de los actores, quienes para responder, cantan. (Rodríguez, F. 2012). Este recurso se aplica de modo similar dentro en el TP cuando se utiliza la forma llamada coro, a la que nosotros reconocemos como coro cardumen para distinguirla de otras modalidades de coro, como mencioné líneas atrás.

En el TP, cuando se está empleando el coro, uno de los integrantes se despega de la estructura para ofrecer una pregunta, palabra, frase o expresión, a la que el resto de los actores responderá con alguna palabra clave, proporcionada por el actor que hace de Korifeo. Una vez concluido el momento, éste último se reincorpora con el resto para continuar con la estructura.

Sombra

Este recurso lo compartió Adriana Piterbarg, su creadora, en uno de los talleres que impartió en la CDMX. Consiste en que una persona elija una canción que le represente para que el grupo la encarne; también puede usarse alguna que represente un momento compartido por un grupo. De acuerdo con sus propias palabras, "es un regalo para la persona o el grupo que elige la canción".

Nosotros lo hemos empleado en un par de talleres-función a modo de cierre. Se selecciona una canción representativa de la función, ya sea que el público se ponga de acuerdo para hacerlo o una persona que le represente lo haga; se elige a un actor o actriz para que funja como doble; se coloca una silla al centro del escenario para que el doble se siente y el resto de los actores se coloquen a su alrededor, de espaldas al público y sin obstruir el frente; se pone o se toca la canción seleccionada. El representante mirará a los ojos del protagonista o a todos los asistentes, depende de cómo se haya elegido la melodía. En el momento en que alguno de los actores resuena con cierta frase de la canción, se voltea sobre su propio eje para quedar de frente al público y realizar un movimiento fluido y repetitivo relacionado con el fragmento de canción con el que ha conectado. Cuando todos los actores han quedado de frente al público, continúan repitiendo su movimiento hasta que la música concluye y todos detienen el movimiento.

Sombra
Cuba 2017

Coro Cardumen

Historia
Zapata vive. 2017

Casi cinco años. Diciembre, 2019.

Disposición de los elementos en el espacio escenográfico

> El encuentro entre dos personas es como el contacto de dos sustancias químicas: si hay alguna reacción, ambas se transforman.
>
> Carl. G. Jung.

Una visión psicológica

Visto desde la audiencia, la música se encuentra ubicada en el extremo derecho del escenario, al frente; a la misma altura pero en el extremo opuesto se colocan las sillas para el narrador y el conductor, que serán ocupadas durante la curva correspondiente a las historias; antes de cada representación, los actores se sitúan al centro y fondo del escenario; por último, las telas se localizan a mano izquierda, también hacia el fondo.

Con base en fundamentos gestálticos, concluyo que la posición de cada elemento en el escenario (fig. 2), además de cumplir con una función estética, conserva simbolismos que proporcionan cierto sentido de contención en la mente representativa del espectador. Por mente representativa me refiero a la mente que re-presenta, es decir, que presenta nuevamente algo que ya ha sido construido a partir de la experiencia. Como dice Rudolf Arnheim (1989), la visión no se limita a un registro mecánico, sino que está ligada a los recursos y procesos mentales de la memoria.

Por un lado, la posición de las sillas del narrador y del conductor se ubican en la zona interna, es decir, del lado izquierdo, área que se corresponde con las emociones, los sentimientos y el pasado; por otro, se encuentran también al frente, en la zona que pertenece al continuo de consciencia, relacionada con el autoconocimiento, el darse cuenta y la responsabilidad del sí mismo.

Cuando el narrador se encuentra del lado del público su pasado continúa en su mente; sin embargo, una vez que pasa a contar su historia su esquema mental representativo se modifica, de tal forma que no solo tiene la posibilidad de vivenciarla en el aquí y el ahora por segunda vez, sino que la observa desde un lugar privilegiado, seguro, protegido y contenido tanto en lo real como en simbólico, en el que se integran todos los aspectos mencionados, posibilitando la resignificación de su vivencia. Del lado derecho del narrador se encuentra quien conduce, posición que, simbólicamente, estimula el área del pensamiento y del análisis, que a su vez se ve favorecida por las preguntas realizadas. Un poco más a la distancia, también a su lado derecho, se encuentra el público, quien brinda contención desde ese lugar simbólico que invoca la razón. Mientras el narrador comparte su historia, los actores se encuentran a su lado izquierdo, en la zona interna, justo en el área de la emoción y del sentimiento, lugar donde reciben la historias, a la vez que quien conduce genera los medios necesarios para que los actores registren las emociones y los sentimientos latentes manifestados tanto verbal como fonomenológicamente. Una vez recibida la información, los cuerpos que darán vida a la escena saldrán del fondo del escenario para pasar de la zona interna hacia la zona externa del narrador e iniciar con la representación. En tanto que los actores realizan sus propuestas desde el área de la acción y corporizan aquello que solo podía ser contemplado a través de los recuerdos, el narrador los observa desde la zona del continuo de conciencia, integrando todo el contexto.

Todo narrador se convierte en un representante de los sentimientos colectivos; junto con el conductor, representa también el puente que nos lleva de la razón a la emoción, cada vez que se activan los recuerdos y los sentimientos tanto del narrador como del resto de la audiencia, generando así nuevos protagonistas.

Todos hemos experimentado el poder de la música más allá del lenguaje: nos motiva, influye en nuestras emociones, representa nuestros estados de ánimo, genera cambios internos, entre otros aspectos. Este elemento lo ubicamos del lado derecho del público, en la zona externa y en el área del pensamiento; un recurso que permite derribar las posibles resistencias que pudiera experimentar el público durante la creación de una escena, sensibilizándole, estimulando la empatía y favoreciendo la conexión tanto con el narrador como consigo mismo.

Las telas ubicadas del lado izquierdo en el fondo del escenario representan el simbolismo de las emociones, flexibles y cambiantes que, en más de una ocasión, se encuentran protegidas en el trasfondo de nuestro inconsciente. Se extraen de lo profundo del escenario adquiriendo nuevas formas y posibilidades basadas en los sentimientos y emociones que el actor percibe. De tal forma, se hace visible lo invisible y se puede concientizar aquello que se encontraba oculto al ser incorporado en la conciencia compartida, que tiene lugar en el público.

Fig. 2. Distribución de los elementos en el escenario

Comentarios finales

Un espacio vacío representa la posibilidad de construirlo todo.

Si bien es cierto que hay notables diferencias entre el TP y el TE, también es verdad que hay enfatizadas similitudes. Es innegable que ambos se gestaron en un período en el que el ser humano necesitaba encontrar medios de comunicación más flexibles y humanitarios; que los dos utilizan estructuras de improvisación para la representación de historias; que uno y otro se conforman de herencias compartidas interesadas en el desarrollo de la espontaneidad creativa, el bienestar, el crecimiento de la comunidad y la búsqueda de nuevos caminos que llevan a reconstruir el mundo que habitamos, lo que solo es posible a partir del encuentro y el reencuentro; por último, que los dos comparten sus orígenes en el Teatro de la Espontaneidad.

Por un lado, dentro del TP encontramos lo que Jonathan Fox nombra *directrices de la ambientación*, mejor conocido en el medio playbackero como: *el ritual* (Fernández, 2018). Este concepto es distinto a lo que comúnmente se entiende, ya que en él se incluyen una serie de acciones que más allá del valor simbólico, proporcionan un esqueleto de contención que sostiene el desarrollo técnico y emocional de una función. Los elementos que le componen son: la disposición de elementos en el espacio; las formaciones, tanto al momento de entrar al escenario como durante toda la función; ciertas frases, tales como "Veamos" o "Vamos a ver"; la manera de iniciar y concluir las formas y, en general, la estructura ritualista y ceremonial de toda la función. Por otro, en la ideología libertaria del TE, los rituales se apegan más a los aspectos que contienen un valor simbólico aterrizado en tradiciones, ideologías políticas y/o memorias históricas de una determinada sociedad. En cierto sentido, representan la urgencia por recuperar nuestras raíces culturales y desvincularnos de la colonización aplastante de la sociedad actual. Lo que mueve a uno no mueve al otro, pero lo que mueve a ambos, nos mueve a nosotros.

Como colectivo, hemos experimentado diversos modos de iniciar una función, algunos han sido desarrollados a partir de nuestra formación como psicodramatistas; mientras que otros, se han coinspirado y construido a partir de los viajes, la experiencia y la pasión. En esta aventura no han faltado los juegos de caldeamiento frente al público, la participación activa de todos los asistentes en algún caldeamiento, la creación de túneles con telas, las sociometrías, los talleres previos, las velas, los inciensos y, sobre todo, nuestro gran favorito: entrar cantando un par de estofas de alguna canción ensayada previamente, relacionada con el tema a tratar. Además de convertirse en nuestro ritual característico, funciona muy bien como caldeamiento introductorio. De alguna manera, nuestros rituales son ceremonias que nos han permitido actualizar nuestro mitos en una experiencia *cuasi* religiosa que nos conecta de múltiples formas con nuestro público asistente.

Actualmente, la conducción se distribuye entre nosotros conforme a las necesidades y preferencias del grupo, cada uno con su estilo particular o en la búsqueda de encontrarlo. Convergemos o divergimos pero, sin duda alguna, somos un híbrido innegable, construido por retazos de teatros, historias, pasión, sueños, amor, creatividad, espontaneidad, encuentro y locura: una fuente de autenticidad que avala nuestra expresión creativa ¿Qué más podría pedirse en un espacio de hombres y mujeres de espíritu indómito que, cuando se reúnen, encuentran el consuelo que demanda su alma libertaria?

Nada está bien, nada está mal. Tenemos la capacidad de transformarnos a cada momento, reconstruir nuestras historias, tomar nuevas direcciones y disfrutar del camino. La vida no nos cuenta qué sucederá ¡nadie puede hacerlo!, somos nosotros mismos quienes decidimos los caminos por los que necesitamos transitar, el tipo de historias que deseamos construir y las personas con las que deseamos vincularnos. Yo elijo los caminos del Teatro Playback y del Teatro Espontáneo, pues ambos me transforman de a poco y de a mucho; me inspiran y fortalecen mis valores; amortiguan mis caídas y me impulsan en la búsqueda de logros colectivos que acarician mi corazón y le ofrecen un mayor sentido a mi existencia.

"El comité de mi cabeza compuesto por una anciana sabia, un mago, una bruja, un maestro, una mujer de la vida alegre, tres demonios, una loca, un científico, una bailarina, un comediante, una amazona, un músico, una pintora de brocha gorda, un policía, Stich, quizá un muñeco de ventrílocuo como director, los estados desunidos de mí misma y el ayuntamiento, están siempre en sesión permanente".

Parafraseando a Robert Fulghum.

Nunca más seremos los que fuimos. Pero sin duda, una y otra vez, en los vaivenes de la vida nos volveremos a encontrar.

Referencias

Arnheim Rudolf. (1989). *Consideraciones sobre la educación artística.* Barcelona: Paidos.

Barquín, M. (2016). *El misterioso universo de los sueños.* (Tesis de maestría). Casa Luz, México.

Bello María Carmen. Yuyo. (2014). *Resurgiendo de la crisis. Intervención con psicodrama en situaciones postraumáticas.* México: Escuela Mexicana de Psicodrama y Sociometría.

Benito, Vallejo, J. (2001). *Cuerpo en armonía. Las leyes naturales del movimiento.* Barcelona: INDE.

Boal, A. (2009). *Teatro del oprimido.* España: Espasa Calpe.

Boal, A. (2009). *La estética del oprimido.* Barcelona: Alba.

Boal, A. (2004). *El arcoíris del deseo. Del teatro experimental a la terapia.* Barcelona: Alba.

Catalfamo, J. (2006). *Un amanecer diferente para la psicoterapia. Teoría de la Espontaneidad- Creatividad.* Argentina: Universidad Nacional de Río Cuarto.

Cangi, F. & Pereyra, M. E. (s/f). "Entrenamiento de actores de teatro espontáneo- Construyendo el rol por prepotencia de trabajo. Extraído el día 01 de Julio del 2014 en: http://www.entrefugas.com/textos/32-qentrenamiento-de-actores-de-teatro-espontáneo-construyendo-el-rol-por-prepotencia-de-trabajoq-.html

Dano, P. (2012). *Método de expresión corporal para el teatro y la danza.* Edición del autor.

Fernández, A. (2015). *Teatros de transformación.* Ñaque: España.

Fernández, A. (2018). *Teatro Playback: Historias que nos conectan.* España: Octaedro.

Garavelli, M. E. (s/f). *Teatro espontáneo y la construcción de la memoria colectiva*. N.Y: Centre for Playback Theatre. Extraído el día 01 de Julio del 2018 en: http://playbacktheatre.org/wp-content/uploads/2010/04/Garavelli_UI....pdf

Garavelli, M. E. (2006). *Odisea en la escena. Teatro espontáneo*. Córdoba: Brujas.

Heller, E. (2004). *Psicología del color*. Barcelona: Gustavo Gili.

Iacobani, M. (2009). *Las neuronas espejo. Empatía, neuropolítica, autismo, imitación, o de cómo entendemos a los otros*. España: Katz.

Kesselman, H. & Pavlosky, E. (2006). *La multiplicación dramática*. Argentina: Punto crítico.

León, P. J. (2011). *El poder de la música*. Colombia: Christian Editing.

López Barberá, E. & Población, P. (1997). *Las esculturas y otras técnicas psicodramáticas aplicadas en psicoterapia*. España: Paidós.

Marcos, H. (2017). *Teatro I. Impacto, interacción, improvisación*. México: Edición del autor.

Milgram, S. (2005). *Los peligros de la obediencia*. Polis. Revista latinoamericana.

Moreno, J. (1993). *Psicodrama*. Buenos Aires: Lumen.

Moreno, J.L (1965). *Psicomúsica y psicodrama*. Buenos Aires: Hormé.

Moreno, J.J. (2005). *Activa tu música interior: Musicoterapia y psicodrama*. Barcelona: Herder.

Motos, T. (2015). *Teatro Playback: Construcción de comunidad, educación y psicoterapia*.

Portal, Frédéric. (2018). *El simbolismo de los colores. En la antigüedad media, la edad media y los tiempos modernos*. España: José J. De Olañeta.

Poveda, L. (1988). *Teatro Oculto.* Barcelona: Instituto para el desarrollo integral Sant Quirze de Vallés.

Rodríguez, V. & Araya, V. & Alonso, G. (2009). Efecto de ocho clases de expresión corporal en el estado de ánimo y autoconcepto general de jóvenes universitarios. *Revista Educación. 33* (2) pp.139-152. Extraído de: https://www.redalyc.org/pdf/440/44012058009.pdf

Rodríguez, F. (2012). Teatro griego antiguo y teatro Indio: su origen en danzas corales que miman antiguos mitos. *Emerita. Revista de lingüística y filología clásica.* LXXX 1, pp. 1-12. Extraído de http://emerita.revistas.csic.es/index.php/emerita/article/view/1009/1054

Rich, J. (1992). *El mito de la educación.* epub: Mezki.

Salas, J. (2005). *Improvisando la vida real.* Historias personales en el Teatro Playback. New York: Nordan-Comunidad.

Segalen, M. (2005). *Ritos y rituales contemporáneos.* Madrid: Alianza.

Sheafer, J.M. (2006). *Adiós a la estética.* Madrid: Antonio Machado.

Sintes, R. (2002). *Por amor al arte; Entre el teatro espontáneo y la multiplicación dramática.* Argentina: Lumen.

Stravinski, I. (2006). *Poética musical.* Barcelona: El acantilado.

www.ingramcontent.com/pod-product-compliance
Ingram Content Group UK Ltd.
Pitfield, Milton Keynes, MK11 3LW, UK
UKHW022215230426
12048UKWH00016BA/854